Karl Heinrich Heydenreich

Originalideen über die interessantesten Gegenstände der Philosophie

Dritter Band

Karl Heinrich Heydenreich

Originalideen über die interessantesten Gegenstände der Philosophie
Dritter Band

ISBN/EAN: 9783744700474

Hergestellt in Europa, USA, Kanada, Australien, Japan

Cover: Foto ©Thomas Meinert / pixelio.de

Weitere Bücher finden Sie auf **www.hansebooks.com**

Carl Heinrich Heydenreich

Originalideen

über die

intereſſanteſten Gegenſtände

der

Philofophie

Dritten und letzten Bandes erſte Abtheilung.

Leipzig,
bey Friedrich Gotthelf Baumgärtner.
1796.

Vorrede.

Mehrere Gründe beſtimmen mich, dieſe Sammlung mit dem gegenwärtigen dritten Bande zu beſchlieſsen, und eben deſshalb finde ich mich genöthigt, ihn in zwey Abtheilungen zu trennen, wovon die letztere zu der Oftermeffe erfcheinen, und, wo möglich, alle in den vorigen Bänden verfprochene Abhandlungen enthalten foll.

Mehrere Recenfenten haben den Titul diefes Buches, meiner Erklärung in der Vorrede zum erften Theile unerachtet, anmaafsend gefunden. Unter ihnen haben verfchiedene mit Bitterkeit, einer, der Beurtheiler in der Allgemeinen Litteraturzeitung, mit Würde und Anftand darüber gefprochen. Diefem will

will ich denn hiermit zu meiner Rechtfertigung eröfnen, dafs der Titul Originalideen von meinem Freunde, dem Herrn Verleger herrührt. Da ich ihn durch Unentfchiedenheit über die Benennung der Sammlung aufhielt, erklärte er mir, dafs er, wenn ich mich nicht entfchlöffe, felbft einen erfinden müfste, und, als ich ihm den meinigen (Beyträge für Wahrheit, Güte und Schönheit) fandte, war der feinige fchon im Mefskatalog eingerückt. Meine Schuld dabey ift nur die, dafs ich das Verbrechen nicht eben fo grofs fand, da ja Schaufpieldichter ihre Stücke Originalfchaufpiele nennen dürfen, ohne in den Vorwurf der Eitelkeit zu fallen.

Heydenreich.

Inhalt.

Inhalt.

I.
Allgemeine Ueberficht der Fortfchritte der theoretifchen Philofophie im achtzehnten Jahrhundert.

II.
Ideen über den Einflufs der Philofophie auf die Beruhigung des Leidenden.

III.
Skizze einer philofophifchen Theorie der bildenden Kunft, als eine fpecielle Anwendung der in der erften Abhandlung des zweyten Theils enthaltenen Grundfätze.

IIII.

IIII.

Skizze einer Theorie der Charakterzeichnung in Werken der Dichtkunst.

V.

Bemerkungen über den Zusammenhang des Aesthetisch-Edlen mit dem Moralisch-Edlen.

VI.

Ideen über Schönheit und Häfslichkeit.

I. Allge-

I.

Allgemeine Ueberficht der Fortfchritte der theoretifchen Philofophie im achtzehnten Jahrhunderte.

―――

Dasjenige Jahrhundert, welches sich jetzt seinem Ende entgegen neigt, gehört in der That unter die glänzendsten Perioden der Existenz unsres Geschlechts. In welcher Rücksicht wir die Menschheit nur betrachten mögen, so haben sich ihre edelsten Kräfte während dieses Jahrhunderts in dem stärksten und feurigsten Spiele gezeigt, und der Rückblick über seine nun bald geschlossene Laufbahn gewährt uns den Genuſs eines Schauspiels, welches, durch keine matte Scene beläſtigt, ununterbrochen, Intereſſe, Rührung und Bewunderung erregt.

Von keiner Seite indeſſen iſt sein Glanz so entſchieden, als von der des erstaunenswürdigen Fortſchrittes, welchen der menschliche Geiſt in jedem Theile des ungeheuern Gebietes der Wiſſenſchaften während deſſelben gemacht hat. Von den feinſten und geheimſten Falten des menschlichen Herzens bis zu den weiteſten Fernen des Himmelsſyſtems iſt Alles, was nur die Natur Intereſſantes und Nützliches befaſst, durch die forſchenden Blicke groſser Geiſter beleuchtet worden.

Man hat dieſes Jahrhundert mit dem Namen des philoſophiſchen belegt; und in der That verdient es, wenn irgend eines, dieſe ehrenvolle Bezeichnung; verdient ſie, man ſehe nun auf die Menge und Gröſse der Bearbeiter der Philoſophie, welche in ihm aufgetreten ſind, oder auf den kräftigen Einfluſs, welchen dieſe Wiſſenſchaft während deſſelben über alle Theile des menſchlichen Wiſſens verbreitet hat.

Nur derjenige, welcher das wahre Weſen der Philoſophie verkennt, kann die Fortſchritte derſelben für ein gleichgültiges Ereigniſs halten; nur ein ſolcher kann einem Jahrhunderte ſeine Bewunderung verſagen, in welchem dieſe Wiſſenſchaft ſich mit kühnem Fluge ihrem Ziele nähert. Nämlich er ſieht nicht ein, daſs die Menſchheit ihre edelſten Anlagen nicht entwickeln kann, ohne daſs ſich laut und ſtark das Bedürfniſs ankündige, ihre vorſtellenden, handelnden und empfindenden Kräfte zu erforſchen und gleichſam auszumeſſen, und eben dadurch den Endzweck

zweck ihres auf den erften Blick fo räthfelhaften Dafeyns zu beftimmen; er erkennt nicht an, dafs die wenigen Auserwählten, denen die Natur das grofse Talent für die Vollendung folcher Unterfuchungen verliehen hat, eine Würde befitzen, welche fie über die glücklichften Bearbeiter andrer Wiffenfchaften bey weitem erhebt, dafs diefe Männer gleichfam eine Herrfchaft über die Seelen ausüben, dafs der Einflufs ihrer Ideen fich nach allen Seiten in der menfchlichen Gefellfchaft verbreitet, und dafs fie, wie durch eine Art von Magie, den fämmtlichen Mitgliedern eines Zeitalters eine gemeinfchaftliche gleiche Stimmung mittheilen können, welche man wahr und treffend den Geift eines Zeitalters nennt. Fafsten fie diefe Gefichtspuncte, fo würden fie zugeftehen, dafs wir die Realifirung unfrer geheiligteften Wünfche für die Welt und die menfchliche Gefellfchaft nur von der Philofophie erwarten können, dafs, wenn allgemeine Einigkeit der Selbftdenker, moralifche Veredelung, Beglückfeligung des Menfchen und Vervollkommung der Staaten, jemals aufhören können, fchmeichelnde Träume zu feyn, die Begründung diefes Glükkes einzig von der Philofophie abhängt; fie würden einem Jahrhunderte ihre tieffte Bewunderung nicht verfagen, deffen aufgehende Sonne den alles befaffenden Geift des un- ftesterblichen Leibnitz in der Mitte seiner glänzenden Laufbahn sahe, und dessen letzte Strahlen das Haupt eines Greises beleuchten, dessen schöpferischer und unbesiegbarer Geist über Vorwelt und Nachwelt gebietet.

Unter allen Geschäften, welche zur Erreichung des grofsen Zweckes der Philosophie beytragen, ist keines von so dringender Nothwendigkeit, erfordert aber auch keines eine so feste Kraft der Spekulation, und eine solche Tiefe des Scharfsinns, als die Untersuchung der letzten Gründe, und gleichsam der Urelemente aller menschlichen Erkenntnifs. Wie hoch man auch das Gebäude der Philosophie führen möchte, so wird es doch zuverläfsig dem ersten Windstofse Preis gegeben seyn, so lange es nicht eine gründliche Entscheidung jener Untersuchung zur Basis hat. Seit Aristoteles und Plato hatte die Philosophie von dieser Seite beynahe gar keine Fortschritte gemacht, und Des Cartes, dessen selbstdenkender Geist so manche neue Bahn eröffnete, hatte dennoch denselben Gegenstand ganz vernachläfsigt. Das achtzehnte Jahrhundert liefert uns, wie es scheint, alle Theorieen, welche der philosophische Geist über die ersten Gründe aller Erkenntnifs auf verschiedenen Wegen erzielen konnte, und unter ihnen diejenige, durch welche die ganze ze Unterſuchung auf ſichere, allgemein gültige Reſultate geführt, und, dem Weſentlichen nach, für immer abgeſchloſſen worden iſt.

Vier Männer von anerkannter philoſophiſcher Gröſse haben während dieſes Jahrhunderts alles erſchöpft, was nur über dieſen Gegenſtand gedacht werden kann: drey derſelben, Leibnitz, Locke, Hume, unterſtützt durch Vorarbeitungen ſcharfſinniger Denker der vorigen Jahrhunderte; einer, der groſse Kant, losgeriſſen und gleichſam verlaſſen von allen Weiſen der Vorwelt und ſeiner Zeit, kühn und ſtark genug, auf neuen, nie verſuchten Bahnen, und mit einem kaum geahndeten Schwunge der ſpekulativen Vernunft den geiſtigen Horizont der Menſchheit zu ermeſſen.

Ich fühle die ganze Kühnheit des Verſuchs, in einer Skizze die Hauptzüge der Philoſophie jener Männer zu koncentriren. Allein, wenn die Spekulation eines jeden von ihnen eine Richtung nahm, welche gewiſſermaſsen von der Natur ſelbſt vorgezeichnet iſt, und zu welcher ſich demnach jeder denkende Kopf ebenfalls ſtimmen kann, wenn Leibnitz, Locke und Hume, von einer gewiſſen Seite betrachtet, alle einen beſtimmten Grad von Wahrheit enthalten, und Kant in ſeifeiner Theorie, mit dem, in fein richtiges Verhältnifs gefetzten Wahren eines jeden von ihnen, zugleich den entfcheidenden Auffchlufs über den Gegenftand giebt, ohne einer andern Quelle als des gemeinfchaftlichen Bewufstfeyns der Menfchen zu bedürfen, wenn diefs wirklich fich fo befindet, fo kann man hoffen, dafs felbft eine flüchtige Zeichnung, welche nur die groben Umriffe der Theorieen jener Männer enthält, nicht ohne Sinn und Deutung für diejenigen feyn wird, denen nicht alle Anlage und Stimmung für philofophifches Denken mangelt. Ift wirklich die menfchliche Natur in Leibnitz, Lokke und Hume, in jedem von einer gewiffen Seite, in Kant aber von allen Seiten getroffen, wie follte fich nicht diefelbe menfchliche Natur in diefen Darftellungen wieder erkennen? Und wenn vorzüglich Kant nichts anders als Data unfers Bewufstfeyns ausfagt, wie follte nicht feinen Behauptungen das Bewufstfeyn eines jeden zufprechen?

Dafs die Beantwortung der Frage: **ob es für den menfchlichen Geift, nach den Verhältniffen feines jetzigen Dafeyns, Wahrheit, und zwar objektive Wahrheit gebe?** unter die Hauptgegenftände der Philofophie gehöre, fcheint einem jeden von felbft einleuchten zu müfmüssen. Daſs aber diese Frage, wenn sie richtig gefaſst wird, auf die Unterſuchung der letzten Prinzipien aller menſchlichen Erkenntniſs zurück weiſe, iſt eine ſelbſt von profeſſionirten Philoſophen nicht immer genug anerkannte Wahrheit. Diejenigen Männer, von denen ich ſpreche, waren von der Evidenz derſelben durchdrungen, ſie ſämmtlich ſahen die Erforſchung der letzten Gründe unſrer Erkenntniſs für die alleinige Quelle der Entſcheidung über die Möglichkeit objektiver Wahrheit an, und wichen nur dadurch von einander ab, daſs jeder eine eigene Methode einſchlug, um über das Erkenntniſsvermögen zu philoſophiren.

Wenn wir die objektive Wahrheit in die Uebereinſtimmung der Vorſtellung mit ihrem Gegenſtande ſetzen, und die Frage wegen der Möglichkeit jener Wahrheit in dieſem Sinne aufwerfen, ſo iſt es zuvörderſt von der gröſsten Wichtigkeit, zu beſtimmen, was wir uns unter dem Gegenſtande zu denken haben. Leibnitz und Locke faſsten dieſen Begriff auf eine Weiſe, bey welcher ſie ſich nothwendig verirren muſsten; wenn Hume ihre Theorieen wirklich durch ſeinen kühnen Sceptiziſm überwältigte, ſo gelang es ihm vorzüglich auch dadurch, daſs er ſeine Waffen gegen den von ihnen

ihnen voraus gefetzten Begriff des Gegenftandes kehrte, und die Unhaltbarkeit deffelben zeigte; wenn endlich Kant die philofophifche Welt von der Alleinherrfchaft diefes gewaltigen Siegers errettet hat, fo verdanken wir diefe wohlthätige Revolution gewifs vorzüglich feiner fcharfen Auseinanderfetzung deffen, was für den Menfchen Gegenftand einer objektiven Vorftellung feyn kann, und was es nicht zu feyn fähig ift, wenn wir nicht etwas Widerfinniges annehmen wollen.

Wenn wir unter dem Gegenftande das Ding an fich verftehn, d. h. das Ding, fo wie es, alle Beziehung eines Erkenntnifsvermögens weggerechnet, lediglich für fich geeigenfchaftet feyn mag; fo ift eine Uebereinftimmung der Vorftellung mit dem Gegenftande gar nicht gedenkbar, alfo die objektive Wahrheit in diefem Sinne ein Begriff, welcher einen verborgenen Widerfpruch mit fich felbft enthält. Jeder Philofophie, welche eine Deduktion der Möglichkeit der objektiven Wahrheit in diefem Sinne verfpricht, kann man, ehe man fie noch ftudiert, fchon im Voraus das Urtheil fprechen, dafs fie auf einem blofsen Selbftbetruge, eines wenn auch noch fo grofsen Denkers beruht.

Leib-

Leibnitz fowohl als Locke wurden unftreitig bey ihren Verfuchen, die Möglichkeit einer fubjektiv- und objektiv gültigen Wahrheit darzuthun, durch den nicht einmal gedenkbaren Begriff der Vorftellung eines Dinges an fich, als eines folchen, irre geführt; ein auffallendes Beifpiel, wie wichtig es im Gebiete der Spekulation ift, keinen Begriff unerörtert zu laffen, und wie zuweilen die Falfchheit unfrer Theorieen von der Verworrenheit abhängt, mit welcher wir einen Begriff dachten.

Die letzten Gründe der Möglichkeit, dafs Vorftellungen mit Dingen und zugleich mit der Natur des vorftellenden Wefens vollkommen harmoniren, find nach Leibnitz die angebornen Vorftellungen, Vorftellungen, welche, weit entfernt durch Eindrücke der äuffern Sinne, oder Reflexion aus der innern Erfahrung entftehen zu können, durch die Kraft der Seele aus ihrem urfprünglichen Vermögen entwikkelt werden, und diefe ihre Abkunft durch den Charakter von Nothwendigkeit und Allgemeinheit ankündigen, welcher mit ihnen verknüpft ift. Vermittelft diefer Vorftellungen ftellen Verftand und Vernunft die Dinge, wie fie an fich find, vor, und beftimmen die nothwendigen, allgemeinen Merkmahle derfelben als folcher. Die Sinnlichkeit ftellt stellt uns einen blofsen Schein der Dinge dar, und diefer zeichnet fich eben fo durch den ihm eignen Charakter von Zufälligkeit und Einzelnheit aus, als die durch Verftand und Vernunft erfolgende Erkenntnifs der Dinge an fich durch Nothwendigkeit und Allgemeinheit charakterifirt ift.

Die letzten Gründe aller wahren Erkenntnifs find nach Locke die einfachen Vorftellungen. Diefe Vorftellungen find keinesweges Produkte der Phantafie oder der Vernunft; fie werden unmittelbar theils aus der äuffern Erfahrung, durch finnlichen Eindruck, theils aus der innern durch Reflexion gefchöpft, und bedürfen einer weitern Zergliederung eben fo wenig als fie deren fähig find. Was die wahrhaft einfachen Vorftellungen von den Objekten darftellen, ift vollkommen wahre Kopie diefer Objekte; fie ftellen aber allezeit das Wirkliche, und daffelbe zwar vollftändig dar. Alle unfre zufammengefetzten Begriffe beftehen aus verbundenen einfachen, und fie können in fo fern auf Wahrheit Anfpruch machen, als fie gefetzmäfsige Verbindungen wahrhaft einfacher Vorftellungen find, und fich auf folche zurück führen laffen. „Niemand denke," fagt Locke an irgend einem Orte feines Verfuches über den menfchlichen Verftand, „dafs diefs

„zu

„zu enge Schranken für den grofsen Verstand
„des Menschen sind, der sich über die Sterne
„schwingt, von den Gränzen der Welt nicht
„eingeschlossen werden kann, mit seinen Ge-
„danken die äufserste Ausdehnung der Mate-
„rie überfliegt, und sich in dem unbegreifli-
„chen leeren Raume verbreitet. Zeige doch
„jemand einen einzigen einfachen Begriff,
„der nicht durch sinnliche Empfindung oder
„Reflexion entstanden, oder einen zusammen-
„gesetzten, der nicht aus solchen einfachen
„Vorstellungen zusammengesetzt wäre. Und
„wenn diefs unmöglich ist, so wundre man
„sich auch nicht, dafs diese wenigen einfachen
„Begriffe hinreichen, die lebhafteste und viel
„befassendste Denkkraft zu beschäftigen, und
„den Stoff aller mannigfaltigen menschlichen
„Erkenntnisse, Einbildungen und Meinungen
„abzugeben; wundere sich darüber eben so
„wenig, als darüber, dafs durch die mannig-
„faltigen Zusammensetzungen der Buchstaben
„des Alphabets sich so unendlich viele Wör-
„ter bilden lassen. Bedenke man doch nur,
„um ein ganz nahes Beyspiel zu wählen, wie
„unermefslich grofs der Umfang möglicher
„Zusammenfügungen des Begriffes der Zahl
„ist, und welch ein unendliches Feld den
„Mefskünstlern die Ausdehnung eröffnet."

Hume

Hume hatte die Theorieen beyder grofsen Männer vor fich. Allein fo wie fein feffellofer durchdringender Geift wichtige Mängel in ihnen entdeckte, vermochten fie ihn nicht zu befriedigen. Er verfuchte eine Bahn, welche feine Zeitgenoffen um fo mehr in Erftaunen fetzte, je gröfsere Kühnheit dazu gehörte fie zu finden, zu betreten, und mit Feftigkeit zu verfolgen.*)

Aller Stoff zu unfern Gedanken, fagt Hume, fliefst uns durch äuffere oder innere Senfazionen zu, nur allein die Verbindung und Zufammenfetzung deffelben ift das Gefchäft des Verftandes und des Willens; alle unfre Ideen, d. h. unfre weniger lebhaften Vorftellungen find Copieen von den Eindrükken, d. h. von den lebhaften Vorftellungen.

Zer-

*) Die Darftellung des zu vollkommener Reife gediehenen Humifchen Syftems finden wir in feinen *Essays and treatises on sevrral subjects*, Lond. 1784. 2. B. 8. Sein früher erfchienenes Werk: *a Treatife of human nature*, erklärte Hume in der Folge felbft für einen jugendlichen Verfuch, welchen er feiner mannigfaltigen Mängel halber nicht billige. Um fo erfreulicher ift es, dafs Herr Tennemann uns eine vortreffliche Ueberfetzung der Verfuche über den menfchlichen Verftand geliefert hat, welche fich im zweyten Bande der genannten *Essays* befinden.

Zergliedern wir nur unfre Ideen, fo finden wir gewifs, dafs felbft die abgezogenften derfelben fich in folche einfache Begriffe auflöfen laffen, welche von vorher gehenden Gefühlen oder Empfindungen abkopirt find, und fogar die erhabenfte aller Ideen, die der Gottheit, führt uns, wenn wir ihre Beftandtheile verfolgen, auf jenen Urfprung zurück. Und wenn wir die Menfchen beobachten, fo finden wir, dafs Perfonen, welche für eine gewiffe Art von finnlichen Vorftellungen keine Empfänglichkeit haben, weil ihnen das Organ dazu fehlt, auch der ihnen entfprechenden Begriffe nicht fähig find. Die Stoffe, welche wir zu unfern Begriffen durch die finnlichen Eindrücke erhalten, werden von dem felbftthätigen Vermögen unfres Gemüths theils nach den logifchen Gefetzen, theils aber auch willkührlich verbunden. Eine Verbindung diefer Art aber kann immer den logifchen Gefetzen vollkommen angemeffen, von allem Widerfpruche frey feyn, und doch grundlofe Begriffe befaffen, deren Inhalt nicht unmittelbar aus Eindrücken gefchöpft, fondern aus denfelben willkührlich durch Phantafie erzeugt ift. Nur in der Beziehung unfrer Begriffe auf die Eindrücke ift die Möglichkeit fachlicher (realer) Wahrheit für uns gegründet, und das einzig ächte Kriterium, fie anzuerkennen, ift die Uebereinftimmung unfrer
Be-

Begriffe mit den Eindrücken, aus welchen der Stoff zu denselben geschöpft ist. Alle Wahrheit für den Menschen also ist auf blosse Uebereinstimmung zwischen Vorstellungen und Vorstellungen eingeschränkt.

Ehe wir das gegenseitige Verhältniſs dieser drey berühmten Systeme mit einiger Schärfe bestimmen können, müssen wir die folgenden Sätze lebhaft vor Augen haben, in welchen die wichtigsten Prinzipien für die Prüfung einer Theorie der ersten Gründe aller Erkenntniſs, und der objektiven Wahrheit enthalten sind.

Soll eine Theorie der ersten Gründe aller Erkenntniſs und der objektiven Wahrheit den menschlichen Geist befriedigen:

1) so muſs sie sich auf einen Begriff von Wahrheit beziehen, welcher keinen Widerspruch enthält.

2) Sie muſs dem allgemeinen Bewuſstseyn der menschlichen Natur nicht widerstreiten, und das nicht aufheben, was als evidentes Datum in selbigem enthalten ist, oder aus Datis dieser Art sich mit Nothwendigkeit ergiebt.

3) Da

3) Da es in unserm Bewufstseyn Urtheile und Begriffe giebt, welche den Charakter der Nothwendigkeit und Allgemeinheit mit sich führen, und eben dadurch ihren von aller Erfahrung unabhängigen Ursprung ankündigen, so muss jene Theorie dieselben mit Vollständigkeit, Ordnung und Bestimmtheit darstellen, und eine Ableitung derselben liefern, welche blofs auf evidente und allgemein gültige Data der Menschennatur gegründet ist.

4) Da wir uns vermittelst dieser Urtheile und Begriffe nothwendige allgemeine Vorstellungen der natürlichen und übernatürlichen Welt bilden, so muss jene Theorie darthun, ob und wie fern in diesen Vorstellungen Realität angetroffen werden könne oder nicht.

1) Es ist schon bemerkt worden, dafs Leibnitz und Locke einen widersprechenden Begriff der objektiven Wahrheit annehmen, indem sie sich darunter die Uebereinstimmung der Vorstellung mit dem Dinge an sich denken; ein Gedanke, der sich selbst vor ihren scharfsichtigen Blicken aufgehoben haben würde, wenn sie sich über den Begriff des Gegenstandes deutliche Rechenschaft abgefordert hätten. Allein beide setzen noch dazu die

die Möglichkeit einer folchen Wahrheit als erwiefen voraus, und drehen fich offenbar bey ihrer Ableitung derfelben im Kreife. Wenn Leibnitz die Möglichkeit objektiver Wahrheit aus den angebornen Vorftellungen herleitet, als welche durch den ihnen eignen Charakter von Nothwendigkeit und Allgemeinheit unwiderfprechlich anzeigen follen, dafs fie mit den Dingen an fich übereinftimmen, fo fieht man fogleich, dafs er mit dem Begriffe feiner angebornen Vorftellungen dasjenige fchon als erwiefen vorausfetzt, deffen Beweis es eben gilt. Und wenn Locke die Möglichkeit objektiver Wahrheit aus den einfachen Vorftellungen herleitet, als welche nach ihm eben durch ihre Einfachheit und Unauflösbarkeit, unwiderfprechlich beweifen follen, dafs fie reine Kopieen der Dinge an fich find, fo erhellet, dafs auch diefer Weltweife mit dem Begriffe feiner einfachen Vorftellungen dasjenige als erwiefen vorausfetzt, deffen Erweis verlangt wird. Beide Weltweife können die Forderung nicht von fich ablehnen, dafs der Eine beweife, die angebornen Vorftellungen enthalten nothwendige, allgemeine Merkmahle der Dinge an fich, der Andre zeige, die einfachen Vorftellungen feyen wirklich wahre Abdrücke der Dinge an fich.

Wenn

Wenn Hume die Möglichkeit aller objektiven Wahrheit läugnet, fo muſs er nothwendig einen Begriff davon hegen, weil er auſserdem ein vollkommnes Nichts aufzuheben glaubte. Auch er konnte keinen andern Begriff der objektiven Wahrheit gewinnen, als den der Uebereinſtimmung der Vorſtellung mit dem Dinge an fich, und er verwarf alle objektive Wahrheit, als etwas, was nach den Verhältniſſen des menſchlichen Erkenntniſsvermögens gar nicht möglich ſeyn könne. Die Gegenſtände, zeigt er, welche wir von unſern Vorſtellungen unterſcheiden, find nichts denn die Eindrücke, als Gegenſtände der Begriffe, durch welche fie vorgeſtellt werden, und weder Vernunft noch Sinnlichkeit find fähig, Dinge an fich, als folche, in ihrer Vorſtellung aufzunehmen.

Hume iſt unſtreitig für Leibnitz und Locke unüberwindlich. Um ihn felbſt zu befiegen, muſs zuvörderſt gezeigt werden, daſs der Begriff der objektiven Wahrheit, welchen er vorausſetzt, innerlich widerſprechend iſt, muſs ein andrer Begriff derſelben gefunden werden, welcher frey von jedem Widerſtreite fey. Man kann fchon im Voraus ahnden, daſs und wie ungefähr der Ueberwinder aller dogmatiſchen poſitiven Schulen feinen eigenen Meiſter finden könne. Es wird nämlich

lich diefs unftreitig dann der Fall feyn, wenn ein Weltweifer, ohne fich irgend eine beliebige Vorausfetzung zu erlauben, die Natur, Bedingungen und Gränzen aller Vorftellbar- und Erkennbarkeit für den menfchlichen Geift, aus dem allgemeinen Bewufstfeyn der Menfchheit entwickelt. Wir werden fehen, dafs die kritifche Philofophie von Kant in diefem Verhältniffe gegen den Humifchen Scepticifm fteht.

2) Eine Theorie der letzten Gründe aller Erkenntnifs kann mit dem menfchlichen Bewufstfeyn im Ganzen oder im Einzelnen nicht harmoniren. Sie kann überhaupt alle Grundgefetze und Grundformen unfrer geiftigen Vermögen, die fich im Bewufstfeyn, wenn es nur gehörig entwickelt ift, deutlich genug auszeichnen, aufheben, oder deren nur einige, fie kann jene alle unbeftimmt und verfchoben darftellen, oder nur einige verwirren. Die wahre Theorie kündigt unftreitig ihren Charakter fogleich dadurch an, dafs fich in ihr, wie in einem getreuen Spiegel, das ganze Bewufstfeyn der Menfchheit darftellt, dafs fich für alle Richtungen, in denen nach der urfprünglichen, unwandelbaren, allgemeinen Beftimmung der Natur, die geiftigen Vermögen des Menfchen wirken müffen, die Punkte und Linien wahr und

fcharf

fcharf vorgezeichnet, und in ihrer wirklichen Harmonie geordnet finden, dafs fie gleichfam eine allgemeine Karte des kleinen Weltfyftems ausmacht, welches die vereinigten Vermögen diefer Natur bilden.

Vergleichen wir in diefer Hinficht die Theorieen von Leibnitz, Locke, Hume, fo kann man der Leibnitzifchen im Ganzen den Vorzug, wie mir fcheint, keinesweges ftreitig machen. Wenn Locke alle Wahrheit auf die blofse Unwiderftehlichkeit der finnlichen Empfindung bey den einfachen Vorftellungen zurück führt, fo widerfpricht diefe Behauptung unferm ganzen Bewufstfeyn, durch welches fich, die urfprünglichen Grundlagen unfers finnlichen, unfers Verftandes - unfers Vernunftvermögens, laut genug ankündigen; und ganz derfelbe Fall beynahe ift es, wenn Hume alle Wahrheit auf Uebereinftimmung der Vorftellung mit den finnlichen Eindrücken als ihren unmittelbaren Gegenftänden einfchränkt, und jede Nothwendigkeit, welche eine Vorftellung begleitet, für Folge der Angewöhnung an gewiffe immer wiederkommende Eindrücke und Verbindungen von Eindrücken hält. Wenn Leibnitzens Theorie der angebornen Vorftellungen auch keinesweges für ein Syftem der urfprünglichen unveränderlichen, allgemeinen Formen, Gefetzen ſetzen und Prinzipien unſers Vorſtellungsvermögens gelten kann, ſo iſt doch in derſelben die Grundwahrheit aller Philoſophie feſtgehalten, daſs in unſerm Bewuſstſeyn Begriffe, Urtheile und Grundſätze enthalten ſind, welche bey ihrer unläugbaren Nothwendigkeit und Allgemeinheit nicht durch ſinnliche Einwirkung haben entſtehen können, ſondern aus angebornen Grundlagen haben hervorgehen müſſen. Wenn aber Leibnitz, bey Feſtſetzung ſeiner angebornen Vorſtellungen, allerdings dasjenige ſichert, was unſer ſelbſtthätiges Vermögen, unſre Spontanität ausmacht, ſo kann man nicht läugnen, daſs der richtige Begriff unſers leidenden Vermögens, unſrer Receptivität bey dieſem Weltweiſen ganz verlohren geht, und daſs Locke ſowohl als Hume ſich von dieſer Seite vor Leibnitz auszeichnen, indem ſie die im menſchlichen Vorſtellungsvermögen enthaltene ſinnliche Empfänglichkeit ihrem wahren Charakter nach, mehr ausdrücken als jener. Man wundere ſich nicht, daſs ich mich hier etwas unbeſtimmter Worte bediene; denn wenn auch Leibnitz augenſcheinlich ſeinen Blick vorzüglich auf das ſelbſtthätige Vermögen des Menſchen, Locke und Hume die ihrigen auf das leidende eben deſſelben richteten, ſo hat doch jener das Verdienſt, das ſelbſtthätige Vermögen vollſtändig und ſcharf beſtimmt

ſtimmt zu haben, eben ſo wenig, als dieſe auf denſelben Ruhm in Rückſicht des leidenden Anſpruch machen können.

3) Die Leibnitziſche Theorie erkennt an, daſs in unſerm Bewuſstſeyn Begriffe, Urtheile und Grundſätze enthalten ſind, welche keine Erzeugniſſe der Erfahrung ſeyn können, ſondern als eine urſprüngliche Mitgabe der Natur angeſehen werden müſſen. Locke und Hume heben alle Urſprünglichkeit von Vorſtellungen, als etwas Unmögliches auf, und ſtellen alle Vorſtellungen, als lediglich durch die ſinnlichen Eindrücke gegeben dar. Wenn auch in dieſem Stücke die Leibnitziſche Theorie vor der Lockiſchen und Humiſchen den Vorzug hat, ſo kann man doch Leibnitzen das Verdienſt nicht zueignen, jene urſprünglichen Begriffe, Urtheile und Grundſätze, als urſprüngliche erwieſen, und ſyſtematiſch dargeſtellt zu haben.

4) Es iſt ein keines Beweiſes bedürftiges Faktum, daſs wir uns vermittelſt jener Begriffe, Urtheile und Grundſätze, gewiſſe unveränderliche Vorſtellungen der wirklichen erkennbaren Welt bilden, ja daſs es nur durch ſolche geſchieht, wenn wir uns von überſinnlichen Dingen Vorſtellungen bilden, in welchen, bey gleicher Entwickelung und

Bil-

Bildung der Vernunft, alle Menschen mit einander übereinstimmen müſsten. Beſäſsen wir z. B. die Begriffe von Subſtanz, Urſache, nicht als urſprüngliche, angeborne Grundlagen unſers Erkenntniſſes, ſo würden wir nicht fähig ſeyn, die Erſcheinungen der Welt in ihrem nothwendigen Zuſammenhange ſo gleichbleibend vorzuſtellen, als es allgemein der Fall iſt. Wenn die wahre Theorie der erſten Gründe des menſchlichen Erkenntniſſes uns das ganze Syſtem der dem Menſchen nothwendigen und unabänderlichen Vorſtellungen der ſinnlichen und überſinnlichen Welt begreiflich machen muſs; ſo kann uns weder Leibnitzens noch Lockens noch Humens Theorie befriedigen. Leibnitzens Syſtem angeborner Grundwahrheiten **deutet** bloſs auf den ächten Grund hin, wo wir die befriedigende Löſung jenes Problems zu ſuchen haben; Locke und Hume verlaſſen uns mit ihren Theorieen ganz.

Betrachten wir aber alle dieſe Theorieen nach dem Kriterium der allein wahren Theorie; (enthalten in dem unter No. 2. befindlichen Satze) ſo müſſen wir zugeſtehen, daſs keine die Prüfung vollkommen aushalte. Die Hauptvermögen, durch deren Zuſammenwirkung das Syſtem unſrer Erkenntniſſe entſteht, Sinnlichkeit, Verſtand und Vernunft

ſind

ſind in keinem jener Syſteme ſo vollſtändig, ſo aus einander geſetzt, ſo ſcharf nach ihren Verhältniſſen zu einander beſtimmt, dargeſtellt, daſs man in vollkommener Uebereinſtimmung mit dem gemeinſchaftlichen Bewuſstſeyn der Menſchheit ſich die Möglichkeit jenes Syſtems unſrer Erkenntniſſe erklären könnte.

Dieſe Bemerkungen ſcheinen hinlänglich, um uns zur lebhaften Einſicht des Verhältniſſes der drey berühmten Syſteme von Leibnitz, Locke und Hume vorzubereiten, und uns um ſo leichter für die Ueberzeugung zu beſtimmen, daſs der Humiſche Skepticiſm der Leibnitziſchen und Lockiſchen Theorie vollkommen überlegen ſeyn, und ſo lange in der philoſophiſchen Welt auf die Alleinherrſchaft Anſpruch machen muſste, als kein Weltweiſer auftrat, welcher durch eine ganz neue Unternehmung denen im vorigen angegebenen Forderungen Genüge leiſtete. Gewinnen wir dieſe Ueberzeugung, ſo werden wir denn um ſo fähiger ſeyn, das groſse Verdienſt eines Kant zu würdigen.

Da indeſſen die ganze Charakteriſtik mehr für die Liebhaber der Philoſophie, als für die Eingeweihten beſtimmt iſt, ſo will ich noch einen höhern Standpunkt wählen, um den

den ganzen Ideenkreis, deſſen Ueberſicht ich wünſche, wenigſtens den Hauptpartieen nach, lebhaft darzuſtellen.

Es iſt kein Werk der Regeln oder Schulen, dafs der Menſch fein Nachdenken auf die allgemeine Natur der Dinge richtet, mit kühnen Schritten bis an die Gränzen aller Natur dringt, und mit einem Fluge, in welchem er Anfangs ſich ſelbſt nicht kennt, ſich zu der Vorſtellung einer überſinnlichen Welt erhebt. Nie würde er mit derjenigen Feſtigkeit, mit welcher er es thut, jene gewagte Richtung zum Unbegreiflichen verfolgen, wenn ihn nicht das höchſte Intereſſe, deſſen er fähig iſt, ich meine das für ſeine Beſtimmung, mit unabläſſigen und unwiderſtehlichen Reitzen dahin antriebe. Der menſchliche Geiſt dreht ſich aber bey dieſem Nachdenken, wie einem jeden ſein Bewuſstſeyn ſagen muſs, um eine Reihe von Vorausſetzungen über die Natur der Dinge, und gewiſſe Ideen, welche in der Sphäre aller menſchlichen Vorſtellbarkeit die letzte mögliche Kreislinie zu beſchreiben ſcheinen. Oder kann wohl irgend ein Menſch über den Zweck ſeines Daſeyns denken, kann er mit den ſchnellen Flügeln der Hoffnung, oder dem langſamen Fluge der Furcht bis über den Markſtein des Lebens hinaus gehn, ohne immer von Begriffen,

wie

wie z. B. beharrendes Wefen, Urfache unausbleiblicher Wirkung, wirkfame Gemeinfchaft der Wefen, und von Ideen, wie die einer unvergänglichen Seele, eines Univerfums, eines Gottes geleitet zu werden? Nein, er kann es nicht. Der ungebildetfte Menfch, wie der gröfsefte Weife, klimmen in ihrem Denken auf gleicher Leiter zu dem höchften Ziele alles Vorftellbaren, und felbft eine göttliche Offenbarung würde für uns nur eine zwar geheiligte, aber leere Tafel feyn, wenn uns nicht jene Begriffe und Ideen die Expofition ihres Inhalts möglich machten.

Der Menfch bedient fich eine Zeit lang diefer Begriffe und Ideen, ohne Furcht einer Täufchung; manche vertrauen fich ihnen fogar mit blinder Zuverficht für ihr ganzes Leben an, ohne dafs irgend ein Zweifel über ihre Realität in ihnen erwachte. Allein nach dem natürlichen Gange der Entwickelung unfrer Vernunft mufs uns fich doch die Frage darbieten: wie vielen Gehalt eigentlich alle die Begriffe und Ideen befitzen, vermittelft welcher wir über die natürliche und übernatürliche Welt denken? und diefe Frage mufs unausbleiblich jene andre herbey führen; nämlich die: welchen Urfprung eigentlich,

lich alle jene Begriffe und Ideen haben? Denn es wäre ja vielleicht möglich, dafs sie insgesammt blofse Gespinnste einer verirrten Vernunft, oder Bildungen einer delirirenden Phantasie wären, und wie getäuscht fände sich da der Mensch in Rücksicht seiner letzten und heiligsten Hoffnungen!

Halte man es nicht für Schwärmerey eines überspannten Freundes der Philosophie, wenn ich einen nicht eben so grofsen Kreis von Begriffen und Ideen so wichtig für die Befriedigung des Menschen ausgebe. Macht nicht jede Ueberzeugung eines Menschen über den Zweck seines Daseyns ein Gebäude verknüpfter Vorstellungen aus, dem gewisse Hauptvorstellungen den Grund, andre die Zusammenfügung der Theile geben, und, wenn diese Hauptvorstellungen weggerissen werden, oder plötzlich ihre begründende und zusammenfügende Kraft verlieren, was kann dann anders das Schicksal des ganzen Gebäudes seyn, als in sich selbst zu versinken? Wenn du ruhig, in Zuversicht auf deinen Baumeister, ein neues Haus bezogen hättest, ohne über die Festigkeit der Arbeit irgend eine Untersuchung anzustellen, und nun ein baukundiger Freund dir unverhohlen sagte, dafs Grundlage und Ausführung ganz verfehlt sey, dir zeigte, wie sich schon in denen

nen von dir nicht bemerkten Senkungen ganzer Seiten, in Biegungen der Wände und der Decken, der nahe Einſturz des Haufes ankündige; würdeſt du nicht mit haarſtreubendem Schauer die verrätherifche Wohnung verlaſſen müſſen? Und, wenn nun vollends, indem du ein neues Gebäude aufführen wollteſt, es möglich wäre, daſs irgend ein Sterblicher dir verkündigte: Die Erde wird nie wieder ein Haus tragen, Zufall, daſs ſie es bisher that; ſie wird von jetzt an durch beſtändige Erſchütterungen im innerlichen Aufruhr ihrer Kräfte ihrem Untergange entgegen taumeln; die Steine und Metalle haben ihre haltende Kraft verlohren, und alles geſchlagene Holz löſst ſich augenblicklich in Fäulniſs auf; du findeſt nirgends eine Hütte oder eine Höhle, die nicht über dir zuſammen ſtürzte, mit jedem künftigen Tritte wirſt du Gefahr laufen, in den Abgrund zu verſinken; — — wenn es möglich wäre, daſs irgend ein Sterblicher diefs einem Sterblichen verkündigte, würde er nicht in den gräſslichſten Zuſtand der Verzweifelung verſetzt werden?

Die Anwendung auf Leibnitz, Locke und Hume, hat keine Schwierigkeiten. Leibnitz baut, wie ich in der Folge zeigen werde, auf feine Theorie der erſten Gründe unfrer Erkenntkenntnifs ein fehr erhabenes Syftem der Natur und Uebernatur. Allein da feine Behauptung der angebornen Ideen uns über den Gehalt und Urfprung jener Begriffe, vermittelft welcher wir über Natur und Uebernatur philofophiren, keinen zureichenden Auffchlufs giebt, da diefe Behauptung der angebornen Ideen nicht einmal von jenem grofsen Weltweifen erwiefen worden, fo erhellet, dafs alle auf die Leibnitzifche Theorie gegründete Ueberzeugung von der allgemeinen Natur der Dinge und der Beftimmung der Welt und Menfchheit verfchwinden mufs, fo bald man einfieht, wie unzureichend dasjenige ift, was Leibnitz über den Gehalt und Urfprung jener Begriffe gefagt hat, vermittelft deren wir über jene Gegenftände philofophiren. Locke ift angelegentlich befliffen, auf feine Theorie der erften Gründe der menfchlichen Erkenntnifs ein Syftem von Wahrheiten über die allgemeine Natur der Dinge der Sinnenwelt, und die Gefetze der übernatürlichen Welt zu gründen. Allein da er alle jene Begriffe, welche in beftimmter Verbindung den Inhalt diefer Wahrheiten ausmachen, im Widerfpruche gegen ihren Charakter und allen Gefetzen der Möglichkeit zuwider, aus denen durch finnliche Eindrücke entftehenden einfachen Vorftellungen ableitete, und die Theorie diefer einfachen Vorftellungen felbft keinesnesweges befriedigend erweifen konnte, fo kann jede auf die Lockifche Theorie gebaute Ueberzeugung von der allgemeinen Natur der Dinge und der Beftimmung der Welt und Menfchheit nur fo lange dauern, als man das Grundlofe jener Theorie nicht bemerkt.

Hume philofophirte über die erften Gründe unfrer Erkenntnifs in fo weit ganz auf die Weife Lockens, als er alle menfchliche Vorftellungen für finnliche Eindrücke, oder für Kopieen, oder durch Reflexion entftandene Modifikationen der Eindrücke hielt. Er drückt fich darüber an irgend einem Orte beynahe ganz, wie Locke in der im vorigen von mir angeführten Stelle, aus. „Nichts," fagt er, „fcheint beim erften Anblicke fo gränzen„los zu feyn, als das menfchliche Denken, „welches nicht nur über alle menfchliche Ge„walt und Autorität hinaus geht, fondern „auch nicht einmal in die Gränzen der Natur „und Wirklichkeit eingefchränkt ift. Un„geheuer zu dichten, oder ungewöhnliche „Geftalten und Erfcheinungen zu verbinden, „koftet der Einbildungskraft nicht mehr Mü„he, als die natürlichften und bekannteften „Gegenftände vorzuftellen. Und während „der Körper an einen Planeten gefeffelt ift, „auf dem er fich mit Mühe und Befchwerlich„keit herumfchleppt, können uns die Gedan„ken

„ken in einem Augenblick in die entfernte-
„ſten Regionen des Univerſums, ja ſelbſt über
„das Weltall hinaus, in das gränzenloſe Cha-
„os verſetzen, wo die Natur, wie man meint,
„in gänzlicher Unordnung liegt. Was nie-
„mals geſehen oder gehört ward, kann doch
„noch gedacht werden, nichts iſt dem Ver-
„ſtande unmöglich, auſſer was einen abſolu-
„ten Widerſpruch enthält.

„Allein obgleich unſre Denkkraft dieſe
„unumſchränkte Freyheit zu beſitzen ſcheint,
„ſo wird ſich doch nach einer nähern Unter-
„ſuchung ergeben, daſs ſie wirklich in ſehr
„enge Gränzen eingeſchloſſen iſt, und daſs die
„ſchöpferiſche Kraft des Verſtandes ſich nicht
„weiter erſtreckt, als auf das Vermögen, den-
„jenigen Stoff, welchen die Sinne und die
„Erfahrung liefern, zu verbinden, zu verſe-
„tzen, zu vermehren oder zu vermindern."

Indem Hume dem Empiriſmus, in welchem er Locken folgte, die feinſte Ausbildung gab, eine Ausbildung, durch welche
derſelbe das Syſtem der Natur und Wahrheit
ſelbſt zu ſeyn, und mit der allgemeinen Erfahrung der Menſchen vollkommen überein-
zuſtimmen ſchien; muſste er nothwendig der
Leibnitziſchen Theorie gefährlich und überlegen werden, da dieſe, ſo wie ſie begründet
iſt,

ift, bey weiten nicht den einnehmenden Schein von Evidenz hat, als jener. Hume hat vollkommenes Recht von Leibnitz zu fordern, dafs er ihm befriedigend beweife, dafs der Charakter von Nothwendigkeit und Allgemeinheit, den er feinen angebornen Ideen zueignet, weil fie, ohne angeboren zu feyn, jenen Charakter nicht befitzen könnten, ein ficherer Beweis der Urfprünglichkeit und Angeborenheit diefer Ideen fey. Da nun aber Leibnitz, wie wir im vorigen gefehen haben, bey feinem Verfuche, diefen Beweis zu führen, fich in einen Zirkel verlor, fo ift es ganz natürlich, dafs er den Angriffen Humes weichen mufs.

Der wichtigfte Zug in dem verfeinerten Empirifm Humes, ein Zug, wodurch er fich ganz von Locke entfernt, befteht unftreitig darin, dafs er aus der Gefchichte der Entftehung unfrer Vorftellungen mit Evidenz zeigt, dafs in keiner Vorftellung ein Ding an fich, und deffen Merkmahle als Gegenftand vorkommen können, dafs die Gegenftände, welche wir von diefen Vorftellungen unterfcheiden, an fich felbft nichts find, als die Eindrükke, wie fern fie Objekte unfrer Begriffe find, dafs die Ideen des Verftandes und der Vernunft, als blofse Produkte der Reflexion über die Eindrücke, eben fo wenig fähig find, uns

Originalid. III. Theil. C et-

etwas von den Dingen an sich darzustellen. Indem er dieses zeigt, bekämpft er mit gleichem Glücke die dogmatischen Systeme Leibnitzens sowohl als Lockens, in welchen, wie wir schon im vorigen gesehen haben, Erkenntnifs der Dinge an sich voraus gesetzt wird, von Leibnitz in seinen angebornen Ideen, von Locke in seinen einfachen Vorstellungen.

Hume kannte zwischen Erkenntnifs der Dinge an sich, und Begriffen von den blofsen sinnlichen Eindrücken, zwischen einer absolut objektiven, und einer lediglich subjektiven Wahrheit, keine Mittelgattung. Hatte er die Unmöglichkeit aller Erkenntnifs der Dinge an sich sowohl durch Sinnlichkeit als Vernunft gezeigt, so blieb ihm nun nichts übrig, als alle menschliche Wahrheit auf die Uebereinstimmung unsrer Begriffe, mit den Eindrücken, als welche allein ihre Gegenstände sind, einzuschränken.

Man sieht augenblicklich, welcher Ungewifsheit nach dem Humischen System das menschliche Erkenntnifsvermögen Preis gegeben ist, und wie der menschlichen Erfahrung dadurch jeder haltbare Grund entrissen wird.

Das

Das Gefährliche des Humifchen Syftems leuchtet noch weit mehr ein, wenn wir es in Beziehung auf Metaphyfik betrachten. Ich verftehe unter Metaphyfik die aus der blofsen Vernunft gefchöpfte Wiffenfchaft der allgemeinen nothwendigen Merkmahle der Dinge und die befondern Wiffenfchaften über die menfchliche Seele, das Univerfum, und die Gottheit. Wer die Grundideen, worauf diefe Difciplinen ruhen, verdächtig macht, untergräbt die heiligften Ueberzeugungen des Menfchen. Nach Hume ift jeder Begriff, dem kein finnlicher Eindruck entfprechen kann, nichts anders, als ein trügerifches Irrlicht, und wenn gewiffe Begriffe als fcheinbar nothwendig und allgemein, über die Erfahrung hinaus zu gehen fcheinen, fo ift diefs nach ihm ein blofses Blendwerk; ein Blendwerk, durch welches wir auf fehr natürliche Weife getäufcht werden, wenn gewiffe Eindrücke öfters wiederholt werden. Hume zeichnete unter den metaphyfifchen Begriffen der Vernunft vorzüglich den der Verknüpfung der Urfache und Wirkung aus, nicht fowohl, wie mir fcheint, als ob er die übrigen ganz gleichen Begriffe überfehen hätte, fondern weil die Wichtigkeit diefes Begriffes nach dem Umfange feiner Anwendung und der Erhabenheit feiner Beziehung die meifte Evidenz mit fich führt. Hume forderte den Erweis davon,

von, dafs die Vernunft den Begriff der Urfache aus ihren eigenen Mitteln hervorbringe; Leibnitz that ihm nicht Genüge; Locke konnte ihm bey feiner Deduktion und dogmatifchen Feftfetzung der metaphyfifchen Begriffe nicht anders als widerfprechend fcheinen; die meiften Philofophen feiner Zeit zeigten durch die Art ihrer Widerlegungen nur zu deutlich, dafs fie ihn nicht verftanden, indem fie ihm durch Ausfprüche des fogenannten gefunden Verftandes immer nur erwiefen, was er nie bezweifelt hatte, nämlich, dafs der Begriff der Urfache jedem Menfchen natürlich, dafs er für die Erfahrung und Naturerkenntnifs ganz unentbehrlich fey. Humes Refultat war: „dafs die Vernunft fich, um „mich der Ausdrücke Kants zu bedienen, „mit diefem Begriffe ganz und gar betrüge, „dafs fie ihn fälfchlich für ihr eigenes Kind „halte, da er doch nichts anders als ein Bas„tard der Einbildungskraft fey, die, durch „Erfahrung befchwängert, gewiffe Vorftellun„gen unter das Gefetz der Affociation gebracht „hat, und eine daraus entfpringende fubjekti„ve Nothwendigkeit, d. i. Gewohnheit, für ei„ne objektive, aus Einficht, unterfchiebt." *)

So

---

*) Gleichwohl nannte Hume eben diefe zerftörende Philofophie felbft Metaphy

So wie Hume über den Begriff der Verknüpfung der Urfache und Wirkung philofophirte, mufste er nothwendig auch über alle metaphyfifche Begriffe philofophiren, welche feinem fcharfen Blick auf keine Weife entgehen konnten. Sie alle mufsten ihm als nichts anders, denn ein Gemifch zweydeutiger Vorftellungen erfcheinen, welche zwar freylich bisher nach einer fo viel wir wiffen,

phyfik, und legte ihr einen hohen Werth bey. „Metaphyfik und Moral," (fagt er Verf. 4. Th. S. 214. d. Ueb.) „find die „wichtigften Zweige der Wiffenfchaft; „Mathematik und Naturwiffenfchaft „find nicht halb fo viel werth." Der fcharffinnige Mann fahe aber hier blofs auf den negativen Nutzen, den die Mäfsigung der übertriebenen Anfprüche der fpekulativen Vernunft haben würde, um fo viel endlofe und verfolgende Streitigkeiten, die das Menfchengefchlecht verwirren, gänzlich aufzuheben; aber er verlor darüber den pofitiven Schaden aus den Augen, der daraus entfpringt, wenn der Vernunft die wichtigften Ausfichten genommen werden, nach denen allein fie dem Willen das höchfte Ziel aller feiner Beftrebungen ausftecken kann. — Bemerkung Kants in der Vorrede zu den Prolegomenen.

allgemeinen Uebereinſtimmung der Erfahrung immer im Menſchen entſtanden, von denen man aber nicht beweiſen könne, ob ſie nicht auch irgend einmal denſelben verlaſſen dürften; Vorſtellungen, welche zwar den Schein von ſich geben, als ob ſie nothwendige allgemeine Merkmahle der Dinge darſtellten, im Grunde aber bloſs eingebildete Zuſammenſetzungen von ſinnlichen Eindrücken ſind, die ſich auf eine täuſchende Weiſe unſrer Ueberzeugung bemächtigen, als ob ſie reale Wahrheit enthielten.

So war alſo durch Hume jede Stütze, und der Grund jeder zu ſeiner Zeit vorhandenen dogmatiſchen Theorie des Erkenntniſsvermögens erſchüttert, die beyden Hauptſyſteme, das Leibnitziſche und Lockiſche, erſchienen im Lichte der kühnen Zweifel jenes Weltweiſen in ihrer vollen Blöſse, die Metaphyſik ſahe den Umſturz ihres gleiſenden Thrones herannahen, und die Menſchheit muſste für den Beſitz ihrer heiligſten Ueberzeugungen zittern. Hume hat in der That auf alle Staaten Europa's, denen die Philoſophie nicht fremd iſt, mächtig gewirkt, vorzüglich aber hat der Geiſt ſeines Syſtems ſich über ſein Vaterland*), Frankreich und Deutſchland

---

*) Der Einfluſs von Humes Schriften über die menſchliche Natur und den menſchlichen Verſtand,

land verbreitet. Seine Alleinherrschaft über die ganze philosophische Welt würde entschieden gewesen seyn, wenn nicht die Anzahl blinder Anhänger an dogmatische Systeme zu jeder Zeit so beträchtlich wäre.

Indessen würde zuverlässig Humes Philosophie immer mehr Land gewonnen, und ihr verzehrender Geist nach und nach die edelsten Blüthen menschlicher Glückseligkeit erstickt

stand, zeigte sich in seinem Vaterlande nicht sowohl bey seinem Leben, als vielmehr nach seinem Tode. Von der ersten sagt er in einer von ihm selbst verfasten eigenen Biographie nach der lateinischen Uebersetzung: Prodiit liber *de natura humana* infaustissimis omnibus, quippe „*e „prelo exanimis cecidit.*" (It fell deadborn from the press) Nec ulla prodeunti adfuit celebritas, et ne minima quidem Zelotarum obmurmuratio. Von der zweyten sagt er ebendaselbst: Equidem semper in animum induxeram, libro de natura humana male cessisse, quod, ut creberrime fit, immaturius ac imprudentius me in scriptorum numerum referre voluissem, quodque modo et forma potius, quam re ipsa errassem: proinde priorem partem istius operis ad incudem revocavi, et ut *disquisitio de intellectu humano* audiret, volui. Prodiit haec opella me adhuc peregre agente et Augustae Trevirorum commorante, sed *non multo melius cum ea actum quam cum libro de natura humana.*

ſtickt haben, wäre nicht ein Weltweiſer er
ſchienen, fähig jenem philoſophiſchen Sieger
die Spitze zu bieten, und ſiegreich ihn in der
Mitte ſeiner Eroberungen zu feſſeln.

Kant ſagt ſelbſt, daſs der Skepticiſm des
Engliſchen Weltweiſen ihn auf den Pfad ſeiner Philoſophie geleitet habe. „Ich geſtehe
„frey", ſagt er: „die Erinnerung des David
„Hume war eben dasjenige, was mir vor vie
„len Jahren zuerſt den dogmatiſchen Schlum
„mer unterbrach, und meinen Unterſuchun
„gen im Felde der ſpeculativen Philoſophie ei
„ne ganz andre Richtung gab. Ich war weit
„entfernt, ihm in Anſehung ſeiner Folgerun
„gen Gehör zu geben, die bloſs daher rühr
„ten, weil er ſich ſeine Aufgabe nicht im Gan
„zen vorſtellte, ſondern nur auf einen Theil
„derſelben fiel, der, ohne das Ganze in Be
„trachtung zu ziehen, keine Auskunft geben
„kann. — Ich verſuchte alſo zuerſt, ob ſich
„nicht Humens Einwurf allgemein vorſtellen
„lieſse, und fand bald, daſs der Begriff der
„Verknüpfung von Urſache und Wirkung bey
„weitem nicht der einzige ſey, durch den der
„Verſtand a priori ſich Verknüpfungen der
„Dinge denkt, vielmehr daſs Metaphyſik ganz
„und gar daraus beſtehe."

Hu-

Hume forderte, wie wir gefehen haben, den Erweis dafür, dafs der Begriff der urfachlichen Verknüpfung mit der ihn begleitenden Nothwendigkeit und Allgemeinheit feinen Urfprung in der Vernunft, unabhängig von aller Erfahrung habe; eine Forderung, welche vollkommen gerecht war, aber von feinen gleichzeitigen und nachgefolgten vaterländifchen und ausländifchen Gegnern mifsverftanden wurde. Kant fahe die Rechtmäfsigkeit der Forderung vollkommen ein, fand aber zugleich auch, dafs diefelbe Forderung fich viel weiter ausdehnen müffe. Nämlich fo wie er fich, um die Unterfuchung mit Freymüthigkeit, Wahrheit und Reinheit zu verfolgen, unmittelbar an fein Bewufstfeyn hielt, entdeckte er fogleich, dafs der Menfch fich die Gegenftände der Sinnenwelt in einem nothwendigen Zufammenhange vorftellt, und dafs diefe Vorftellungsart durch eine Reihe von Begriffen beftimmt wird, welche durch die Erfahrung nicht erzeugt feyn können; ja er entdeckte, dafs, fo wie die allgemeine Form unfrer Weltvorftellung fyftematifch ift, ebenfalls auch jene Begriffe es find. Er ging noch weiter, und fand, dafs andre Begriffe, weit entfernt, die gefetzmäfsige Bildung von Erfahrungserkenntniffen zu befördern, über alle Erfahrung und Natur hinaus gingen, und uns Gegenftände zum Denken darſtellten, die in keiner Anſchauung und demnach auch in keiner Erkenntniſs vorkommen können. So fand er z. B. daſs ohne die Begriffe von Maaſs und Zahl, von Realität, beharrendem Weſen, Urſache, Gemeinſchaft, Möglichkeit, Wirklichkeit, Nothwendigkeit, gar keine Erfahrung Statt finden könnte, daſs wir nur durch ſie Dinge **erkennen**, Dinge **wiſſen**. Eben ſo bemerkte er, daſs die Begriffe **Seele**, **Welt**, **Gott**, uns zwar keine Gegenſtände des Erkennens, aber doch des nothwendigen Denkens darſtellten.

Vollkommen bekannt mit den Mängeln aller Philoſophieen über das Erkenntniſsvermögen vor ihm, und durch ihre Schickſale vor ähnlichen Verirrungen gewarnt, faſste er die groſse Idee einer Theorie des Erkenntniſsvermögens ohne alle beliebige Vorausſetzung, einer Theorie auf lauter reine, durch ſich ſelbſt einleuchtende Thatſachen des Bewuſstſeyns gegründet. Iſt wirklich, ſo ſchloſs er, in aller Menſchen Bewuſstſeyn ein nach gleichen Formen, Geſetzen und Prinzipien gebildetes Syſtem verknüpfter Anſchauungen, Gedanken, Erkenntniſſe und Ideen enthalten, ſo muſs ſich durch ſcharfe Zergliederung dieſes Syſtems, durch Scheidung des Allgemeinen vom Beſondern, des Nothwendigen vom Zufälligen, die Natur des menſchlichen Erkenntkenntnifsvermögens vollkommen ergründen laſſen.

Und eben die Vollendung einer ſolchen Zergliederung iſt das eigenthümliche Verdienſt dieſes Weltweiſen, und der wahre Geiſt ächter kritiſcher Philoſophie.

Die Frage, welches die Baſis ſey, auf der der theoretiſche Theil dieſes Syſtems ruhe, iſt an ſich wichtig, um den Geſichtspunkt zu treffen, aus welchem allein daſſelbe gefaſst werden kann, gegenwärtig aber durch die mannigfaltigen Verſuche doppelt intereſſant worden, welche mehrere ſcharfſinnige ſowohl als ſpitzfündige Männer unſrer Zeit anſtellen, um auf neuen Wegen zu den letzten Gründen jenes Syſtems zu gelangen, von denen ſie vorgeben, daſs ſie in der Kritik der reinen Vernunft nicht enthalten, aber allerdings vorausgeſetzt ſeyen. Je mehr es dem Kenner der kritiſchen Philoſophie einleuchtet, daſs dieſe Verſuche ohne eine gänzliche Verkennung der wahren Baſis derſelben nicht möglich wären, und daſs ſie die Aufhebung desjenigen Syſtems zur Folge haben, welches ſie nach der Abſicht ihrer Urheber ſtützen ſollen; um ſo dringender erſcheint ihm das Bedürfnifs, jene Baſis mit Beſtimmtheit auszuzeichnen, und in einem Lichte darzuſtelſtellen, in welchem ihre Zulänglichkeit und Einzigkeit nicht bezweifelt werden kann.

Die Baſis der kritiſchen theoretiſchen Philoſophie iſt eine dem Menſchen in ſeinem Bewuſstſeyn vorliegende Thatſache, und die Handlungen der Vermögen, ohne welche die Thatſache nicht möglich wäre.

Die Thatſache ſelbſt würde ich, wenn auch nicht nach dem Buchſtaben, doch gewiſs ganz im Geiſte jener Philoſophie ſo ausdrükken, ſie ſey: **das vorſtellende Subjekt in der Unveränderlichkeit ſeiner von aller Erfahrung unabhängigen Vorſtellungen des Möglichen, Wirklichen und Nothwendigen.** Auch glaube ich ſagen zu dürfen, ſie ſey das **in unſerm Gemüthe enthaltene ſich, ſeiner allgemeinen Form nach, immer gleiche Syſtem unſrer Vorſtellungen, von dem, was ſeyn kann, was iſt, und ſeyn muſs.**

Alle Form unſrer Vorſtellung beſteht in einer Weiſe, das Mannigfaltige zu verbinden, unter dem Mannigfaltigen aber wird bloſs das Entgegengeſetzte des Verbundenen, das Einheitloſe gedacht, unentſchieden gelaſſen, wie dieſes Einheitloſe an ſich charakteriſirt ſey.

Die

Die Vorstellungen werden in unserm Gemüthe, und alle Form derselben ist das Werk unsres Vermögens. Sonach kommen auch alle Handlungen, ohne welche die angegebene Thatsache nicht möglich ist, auf Verbinden zurück, und aller Zusammenhang unter unsern Vorstellungen setzt ein ursprüngliches Verbinden voraus. Vor diesem, und ohne diesen Aktus des Verbindens giebt es für das vorstellende Subjekt weder bestimmte Gegenstände, noch Verhältnisse und Ordnung unter denselben.

Eine zwiefache aber nothwendig zusammengehörende Anerkennung stützt demnach das Gebäude der kritischen theoretischen Philosophie, die Anerkennung der allgemeinen und unveränderlichen Form unsrer Vorstellungen und ihres Zusammenhanges, und die Anerkennung des ursprünglichen Verbindens unsers Vermögens, als der einzigen Bedingung der Möglichkeit jener Form.

Dieser Anerkennung zu Folge ist die einzige Obliegenheit des kritischen Philosophen, das unveränderliche Vermögen des vorstellenden Subjekts, und die aus selbigem nothwendig hervorgehenden Wirkungen zu beschreiben, die Formen alles Vorstellens darzustellen, so wie sie sind. Und eben diefs, dief$, dafs der kritifche Philofoph hier durchaus nur befchreibt und darftellt, was ift, macht den lebendigen Geift jener Philofophie aus, und unterfcheidet fie von andern Syftemen, wo man bald nur erzählt, bald nur Begriffe fpaltet, bald auch offenbar fchwärmt.

Wenn ein Denker es unternimmt, die Grundformen, welche fich im Syfteme unfrer Erkenntniffe ausdrücken, nicht blofs zu befchreiben und darzuftellen, fo wie fie find, fondern fie aus höhern Gründen zu demonftriren, fo urtheilt man mit Recht, dafs der Geift der kritifchen Philofophie von ihm gewichen fey, und dafs er fich auf den Abweg eines mit Begriffen künftlich fpielenden Dogmatifm verirrt habe. Und wenn Männer diefer Art fich fehr zuverfichtlich darauf berufen, dafs Kant in feiner Vernunftkritik gar nicht habe bis auf die letzten Gründe alles Wiffens zurückgehen wollen, und die Wahrheiten der von ihnen erfundenen fogenannten Elementarphilofophieen, ich weifs nicht aus welchem feltfamen Grunde, nur vor der Hand bey fich behalten habe; fo können fie nicht nur keine einzige Stelle der Vernunftkritik auszeichnen, die fie zu diefer Vermuthung berechtigt, fondern gerathen auch bey denen, die es einfehen, dafs ihre Verfuche

mit

mit dem kritischen Verfahren Kants ganz unverträglich sind, in den gerechten Verdacht, dafs sie die Philosophie dieses Weltweisen nur dem Buchstaben nach kennen.

Das Extrem von Verirrung in diesem Stücke besteht darin, dafs sie sich einbilden, man könne und müsse die nur vorhin ausgezeichnete Thatsache auf einen absolutersten Grundsatz, als die letzte selbst unbedingte Bedingung ihres Inhalts und ihrer Form zurückführen, wenn anders die Philosophie mehr als ein grundloses Luftgebäude seyn solle. Alle ihre Versuche, einen solchen Grundsatz aufzustellen, sind willkührliche Spiele mit blofsen Begriffen; sie führen, wenn man nicht auf halbem Wege stehen bleibt, zu dem widersinnigen Gedanken eines Prinzips, welches die Grundform aller Form, und zugleich auch die Grundbedingung alles Inhalts ausdrücken soll. Auf halbem Wege ist bey dieser Unternehmung stehen geblieben **Reinhold**, fortgeschritten bis an das non plus ultra **Fichte**. Wie der Erstere sich so lange mit seinem Gewebe feiner aber gehaltloser Spitzfindigkeiten täuschen könne, ist unbegreiflich; den letztern sichert die beynahe beyspiellose Originalität seines Gedankengangs, Unvergefslichkeit im Gebiethe der Philosophie, wenn er auch bey der Fremdheit seiner

Gesichtspunkte, und der ihm eigenen höchſt-
ſtrengen aber ſchwer zu faſſenden Conſe-
quenz nicht ſo Viele blenden ſolle, als Jener
durch ſeine mühſamen Entwickelungen von
Begriffen.

Das vorſtellende Subjekt iſt eines, allein es muſs ſehr verſchiedenartige Handlungen vollbringen, wenn das Syſtem ſeiner Erkenntniſſe möglich ſeyn ſoll; man eignet ihm
in dieſer Hinſicht verſchiedene Vermögen zu,
deren jedes eine eigene Form ſeiner Aeuſſe-
rung hat, die ſich als Thatſache in dem Con-
texte unſrer Erkenntniſſe ausdrückt.

Form kann dem vorſtellenden Subjekte
nicht überliefert, ſondern muſs von ihm hervor-
gebracht werden; allein den Stoff muſs dieſes
vorſtellende formhervorbringende Subjekt em-
pfangen. Das vorſtellende Subjekt, heiſst dieſs,
verhält ſich anders, indem es das Vorzuſtellende auffaſst, und anders, indem es ihm
Form und Verbindung ertheilt. Inwiefern
es das vorzuſtellende auffaſst, eignen wir ihm
Receptivität, wiefern es ihm Form und
Verbindung ertheilt, Spontaneität zu.
So wie Receptivität und Spontaneität in einem und demſelben vorſtellenden Subjekte
enthalten ſind, ſo ſtehen auch beide Vermögen in nothwendiger Beziehung auf einander;
die

die Receptivität kann nichts vorzuſtellendes
auffaſſen, deſſen ſich nicht die Spontaneität,
um es ſelbſtthätig zu behandeln, bemächtige.
Die Receptivität hat ihre eigenthümliche unveränderliche Weiſe des Auffaſſens; die Spontaneität ihre eigenthümliche unveränderliche
Weiſe des Formens und Verbindens. Und da
das vorſtellende Subjekt ſich zugleich ſeiner
Receptivität und Spontaneität und des Verhältniſſes jener zu dieſer bewuſst iſt, ſo weiſs
es auch vor aller Erfahrung die nothwendige
Form aller durch das vereinigte Wirken der
Receptivität und Spontaneität für ſelbiges
möglicher Vorſtellungen.

Manche haben es als eine Lücke des kritiſchen Syſtems, ſo wie es Kant in ſeinen Schriften dargeſtellt hat, anſehen wollen, daſs ſich
darin weder Grundſätze für die Receptivität
noch für die Spontaneität finden, und beſonders Herr Reinhold hat mit Nachdruck erklärt, daſs jenes Syſtem von dieſer Seite eines
Supplements bedürfe. Allein ſo wie die ge-
ſammte kritiſche theoretiſche Philoſophie eine Thatſache und die Handlungen, ohne welche die Thatſache nicht möglich, zur Baſis
hat, ſo ruhen auch die in jener Philoſophie
enthaltenen Theorieen der Receptivität und
Spontaneität nur auf beſondern Thatſachen,
die in jener allgemeinen Thatſache enthalten
ſind.

find, und denen Handlungen, von denen, als ihren Bedingungen, fie abhängen. Und es ift eine ganz verfehlte Idee, diefe Thatfachen und diefe Handlungen von höhern Grundfätzen abzuleiten, oder wohl gar Receptivität und Spontaneität auf ein einziges Prinzip zurückzuführen.

Leibnitz, Locke und Hume hatten die Natur der Receptivität und Spontaneität viel zu fehr verkannt, um die Frage wegen der Möglichkeit objektiver Wahrheit befriedigend beantworten zu können. Wenn diefes dem Urheber der kritifchen Philofophie, auf eine höchft einfache und für immer entfcheidende Weife gelang, fo verdanken wir diefe Löfung eines der wichtigften und fchwerften Probleme für alle Philofophie nur der Richtigkeit feiner Theorieen über jene Vermögen.

Was wir **Gegenftand** nennen, ift nichts anders als das Werk unfrer Receptivität und Spontaneität, fo wie fie als Vermögen eines und deffelben vorftellenden Subjektes in Gemeinfchaft wirken. Vor und aufser der Synthefis, welche durch die felbftthätige Beziehung der Spontaneität auf die Receptivität nothwendig erfolgt, giebt es überall gar keinen Gegenftand.

Aller-

Allerdings ift diefs eine Vorftellungsart, die dem gemeinen Verftande geheimnifsvoll erfcheinen mufs, und die felbft denkende Köpfe bey den erften Verfuchen ihrer Spekulation auffallend befremdet. Von Kindheit an gewohnt, uns die fogenannten Gegenftände als etwas, unabhängig von unferm Vorftellungsvermögen, für fich beftehendes, als etwas an und für fich feyendes, nicht etwa erft durch uns gewordenes zu denken, können wir uns nur nach vielen Schwierigkeiten und einer gänzlichen Lofsreiffung von Vorurtheilen, die uns beynahe zur andern Natur geworden find, auf den Standpunkt verfetzen, von wo aus alle Gegenftände nur als Produkte unfers fynthetifchen Vermögens erfcheinen, und uns die Ueberzeugung für immer eigen machen, dafs es Gegenftände für uns nur innerhalb des Horizontes unferes fynthetifchen Vermögens giebt, und dafs es innerhalb deffelben nur durch und für diefes fynthetifche Vermögen, ohne daffelbe und ohne in Beziehung auf daffelbe gar keine Gegenftände giebt. Haben wir nun aber diefe Anficht gefafst, fo treffen wir auch mit überrafchender Leichtigkeit die Antwort für die wichtige Aufgabe: Wie unfre von aller Erfahrung unabhängigen Vorftellungen des nothwendigen Zufammenhangs der Gegenftände mit den Gegenftänden felbft, welche Erfahrung darbiethet, übereinſtimmen können. Nämlich Gegenſtände ſind für uns allein durch jene Vorſtellungen möglich, und es iſt eine bloſse Illuſion, als ob es unabhängig von jenen Vorſtellungen für uns Gegenſtände der Erfahrung gäbe. Sehr natürlich alſo, daſs jene Vorſtellungen mit dieſen Gegenſtänden durchaus zuſammen treffen, und Erfahrung gerade die Form hat, die wir in jenen Vorſtellungen a priori für nothwendig erklären.

Die Anerkennung dieſer urſprünglichen Syntheſis durch die Spontaneität iſt der einzige ſichere Schlüſſel für die Wahrheiten der kritiſchen Theorie des Erkenntniſsvermögens. Wer ſie gefaſst hat, ſtrebt nicht nach allgemeinern Grundſätzen, um ſie zu ſtützen, nicht, wie Manche ſich einbilden, aus Trägheit, und ſklaviſcher Nachfolge, oder wohl gar Mangel an Erfindungsgeiſt, nein nur deſshalb, weil er das vernunftwidrige, und ſich ſelbſt widerſprechende eines ſolchen Beſtrebens einſieht.

(Wird fortgeſetzt.)

Anmerkungen.

S. 6. Des Cartes, deſſen ſ. G. u. ſ. w.) Ich habe in der zweyten Abhandlung

lung des erften Bandes den Ideengang zu prüfen verfucht, welchen diefer Weltweife zur Begründung des Syftems unfrer Erkenntniffe nahm, und das Fehlerhafte deffelben gezeigt. So wenig ich mein dortiges Räfonnement im Ganzen auch jetzt mifsbilligen kann, fo dürfte ich doch genöthigt feyn, die Behauptung zurück zu nehmen, dafs das cogito, ergo fum des Des Cartes Schlufsfatz eines Syllogifm fey, deffen Oberfatz der Weltweife uns zurück hielt. Herr Fichte fagt in f. Grundlage der gefammten Wiffenfchaftsl. S. 15. „das cogito, ergo fum, mufs nicht eben der Unterfatz und die Schlufsfolge eines Syllogifm feyn, deffen Oberfatz hiefse: quodcunque cogitat, eft; fondern er kann es auch fehr wohl als unmittelbare Thatfache des Bewufstfeyns betrachtet haben. Denn hiefse es fo viel, als: cogitans fum, ergo fum (wie wir fagen würden: fum, ergo fum.) Aber dann ift der Zufatz: cogitans völlig überflüffig; man denkt nicht nothwendig, wenn man ift, aber man ift nothwendig, wenn man denkt. Das Denken ift gar nicht das Wefen, fondern nur eine befondre Beftimmung des Seyns; und es giebt auffer jener noch manche andre Beftimmungen unfres Seyns." Mit diefer Andeutung finde ich die Erklärung des Spinozas za über das Prinzip des Des Cartes vollkommen übereinſtimmend. S. deſſ. Renati Des Cartes Principiorum Philoſophiae Pars I. et II, More geometrico demonſtratae, S. 1 — 4. Ich hebe die ganze Stelle aus, da ſie für die gehörige Würdigung des Carteſiſchen Syſtems von Seiten ſeiner Prinzipien ſo wichtig iſt.

Carteſius, ut quam cautiſſime procederet in rerum inveſtigatione, conatus fuit:

1. omnia praejudicia deponere,

2. Fundamenta invenire, quibus omnia ſuperſtruenda eſſent,

3. cauſſam erroris detegere,

4. omnia clare et diſtincte intelligere.

Ut vero primum, ſecundum ac tertium aſſequi poſſet, omnia in dubium revocare aggreditur, non quidem ut ſcepticus, qui ſibi nullum alium praefigit finem, quam dubitare; ſed ut animum ab omnibus praejudiciis liberaret, quo tandem firma, atque inconcuſſa ſcientiarum fundamenta, quae hoc modo ipſum, ſi quae eſſent, effugere non poſſent, inveniret. Vera enim ſcientiarum principia adeo clara ra ac certa eſſe debent, ut nulla indigeant probatione, extra omnem dubitationis aleam ſint poſita, et ſine ipſis nihil demonſtrari poſſit. Atque haec poſt longam dubitationem reperit. Poſtquam autem haec principia inveniſſet, non ipſi difficile fuit, verum a falſo dignoſcere, ac cauſſam erroris detegere, atque adeo ſibi cavere, ne aliquid falſum et dubium pro vero ac certo aſſumeret.

Ut autem quartum et ultimum ſibi compararet, hoc eſt omnia clare et diſtinčte intelligeret, praecipua ejus regula fuit, omnes ſimplices ideas, ex quibus reliquae omnes componuntur, enumerare, ac quamlibet ſigillatim examinare. Ubi enim ſimplices ideas clare ac diſtinčte percipere poſſet, ſine dubio etiam omnes reliquas, ex ſimplicibus illis conflatas, eadem claritate et diſtinčtione intelligeret.

His ita praelibatis, breviter explicabimus, quomodo omnia in dubium revocaverit, vera ſcientiarum principia invenerit, ac ſe ex dubitationum difficultatibus extricaverit.

Primo itaque ſibi ob oculos ponit omnia illa, quae a ſenſibus acceperat, nem-

nempe coelum, terram et fimilia, atque etiam fuum corpus, quae omnia eousque in rerum natura effe putaverat. Ac de horum certitudine dubitat, quia fenfus ipfum interdum fefelliffe deprehenderat, et in fomnis fibi faepe perfuaferat multa extra fe vere exfiftere, in quibus poftea, fe delufum effe, compererat; ac denique, quia alios etiam vigilantes afferere audierat, fe in membris, quibus dudum caruerant, dolorem fentire. Quare non fine ratione etiam de fui corporis exfiftentia dubitare potuit. Atque ex his omnibus vere concludere potuit, fenfus non effe firmiffimum fundamentum, cui omnis fcientia fuperftruenda fit; poffunt enim in dubium vocari. Sed certitudinem ab aliis principiis nobis certioribus dependere. Ut autem porro talia inveftiget, fecundo fibi ob oculos ponit omnia univerfalia, qualia funt natura corporea in communi, ejusque extenfio, item figura, quantitas, etc. ut etiam omnes mathematicae veritates. Et quamvis haec ipfi certiora viderentur, quam omnia, quae a fenfibus hauferat, rationem tamen de iis dubitandi invenit, quoniam alii etiam circa ea errarant, et praecipue, quoniam infixa quaedam erat ejus menti vetus opinio, Deum effe, qui poteft omnia, et a quo

quo talis, qualis exſiſtit, creatus eſt; quique adeo forſan fecerat, ut etiam circa illa, quae ipſi clariſſima videbantur, deciperetur. Atque hic eſt modus, quo omnia in dubium revocavit.

Ut autem vera ſcientiarum principia inveniret, inquiſivit poſtea, num omnia, quae ſub ejus cogitationem cadere poſſent, in dubium revocarat, ut ſic exploraret, an non forte quid reliquum eſſet, de quo nondum dubitaverat.

Quod ſi vero quid ſic dubitando, inveniret, quod nulla ex praecedentibus, nec etiam ulla ratione, in dubium revocari poſſet; id ſibi tanquam fundamentum, cui omnem ſuam cognitionem ſuperſtruat, ſtatuendum eſſe, merito iudicavit. Et quamquam iam, ut videbatur, de omnibus dubitarat; nam aeque de iis, quae per ſenſus hauſerat, quam de iis, quae ſolo intellectu perceperat, dubitaverat: aliquid tamen, quod explorandum eſſet, reliquum fuit, ille nimirum ipſe, qui ſic dubitabat, non quatenus capite, manibus, reliquis que corporis membris conſtabat, quoniam de his dubitaverat, ſed tantum quatenus dubitabat, cogitabat, etc. Atque, hoc accurate examinans, comperit,

ſe

se nullis praedictis rationibus de eo dubitare posse. Nam, quamvis somnians, aut vigilans cogitet, cogitat tamen atque est; et quamvis alii, aut etiam ille ipse circa alia erravissent, nihilominus, quoniam errabant, erant; nec ullum suae naturae autorem adeo callidum fingere potest, qui eum circa hoc decipiat; concedendum enim erit ipsum exsistere, quamdiu supponitur decipi. Nec denique quaecunque alia excogitetur dubitandi caussa, ulla talis afferri poterit, quae ipsum simul de ejus exsistentia non certissimum reddat. Immo, quo plures afferuntur dubitandi rationes, eo plura simul afferuntur argumenta, quae illum de sua exsistentia convincunt. Adeo ut, quocunque se ad dubitandum vertat, cogitur nihilominus in has voces irrumpere, **dubito, cogito, ergo sum.**

Hac igitur detecta veritate, simul etiam invenit omnium scientiarum fundamentum; ac etiam omnium aliarum veritatum, mensuram ac regulam; scilicet, **quidquid tam clare ac distincte percipitur, quam istud, verum est.**

Nullum vero aliud, quam hoc scientiarum fundamentum esse posse, satis superperque liquet ex praecedentibus; quoniam, reliqua omnia facillimo negotio a nobis in dubium revocari poſſunt; hoc autem nequaquam. Verum enim vero circa hoc fundamentum hic apprime notandum, hanc orationem, dubito, cogito, ergo ſum, non eſſe ſyllogiſmum, in quo major propoſitio eſt omiſſa. Nam ſi ſyllogiſmus eſſet, praemiſſae clariores et notiores deberent eſſe, quam ipſa concluſio, ergo ſum, adeoque ego ſum, non eſſet primum omnis cognitionis fundamentum; praeterquam quod non eſſet certa concluſio; nam ejus veritas dependeret ab univerſalibus praemiſſis, quas dudum in dubium auctor revocaverat, ideoque: cogito, ergo ſum, unica eſt propoſitio, quae huic, ego ſum cogitans, aequivalet.

Wenn ich aber auch zugeſtehen muſs, daſs Des Cartes das cogito ergo ſum nur in ſo fern als Grundſatz annahm, als er es durch ſich ſelbſt und unmittelbar evident hielt, ſo zweifle ich dennoch, daſs er darunter einen Grundſatz alles Wiſſens verſtanden habe, in dem Sinne, wie ihn Herr Fichte nimmt. Mit dieſem Weltweiſen ſtimmt indeſſen Herr Schelling ganz zuſammen, wenn er in ſ. Schr. über die
Form

Form der Philofophie, als Wiffenfchaft fagt: (S. 36.) „Cartefius wollte durch fein cogito, ergo fum nichts anders fagen, als dafs die Urform aller Philofophie die des unbedingten Gefetztfeyns fey. — Cartefius wollte durch feinen Grundfatz, dafs nur das wahr fey, was durchs Ich gegeben ift, daffelbe erreichen."

S. 7. Vier Männer — ermeffen. Die Theorieen des Erkenntnifsvermögens von Leibnitz, Locke, Hume, Kant, find unftreitig die möglichen Hauptfyfteme über diefen Gegenftand. Jedes andre ftimmt nach der allgemeinen Methode, darüber zu philofophiren, mit einem derfelben überein. So ift die Crufiuffifche Theorie mit der Leibnitzifchen in der Annahme angebohrener die Natur der Dinge an fich darftellender Begriffe einig, nur dafs Crufius nicht zugab, dafs die Ideen von allen individuellen Subftanzen und Begebenheiten in der Welt in der Seele urfprünglich vorhanden feyen „Es ift ge„nug, fagt er f. Weg zur Gewifsheit „S. 83. wenn entweder die Idee von allen „Arten der Dinge, welche wir durch die „Empfindung erkennen follen, oder wenig„ftens die Kraft und der nächfte Grund da„zu, der Seele von Gott anerfchaffen ift.
„Denn

„Denn daraus läſſet ſich der Urſprung un-
„ſrer ganzen Erkenntniſs hinlänglich be-
„greifen, deren Schranken hernach um ſo
„viel weiter werden, je zu mehrern Em-
„pfindungen wir gelangen, und je fleiſsiger
„wir etwas abſtrahiren und fortſchlieſsen.
„Weil wir aber nicht wiſſen können, wie
„viel ſolcher erſter Ideen, welche weſent-
„lich unterſchieden ſind, in uns liegen müſ-
„ſen, wenn dadurch alle die Erkenntniſs,
„welche wir nach Gottes Willen auch noch
„künftig ſollen erlangen können, möglich
„ſeyn ſoll, und gleichwohl zu jeder weſent-
„lich unterſchiedenen Idee in endlichen
„Geiſtern eine beſondre denkende Grund-
„kraft gehört; ſo erkennet man daraus die
„Richtigkeit deſſen, was wir oben geſagt
„haben, daſs man nämlich die Grundkräfte
„des menſchlichen Verſtandes nicht genau
„entdecken könne." (§. 63.) Cruſius hatte übrigens in Beziehung auf die höchſten
Arten der erkennbaren Dinge nicht eben
vollſtändigere, oder geordnetere Begriffe, als
ſeine Vorgänger. Man leſe, um ſich davon
und überhaupt von ſeiner Unentſchiedenheit
über den ganzen Gegenſtand zu überzeugen, die Note zu dem §. 137. deſſelben
Buchs S. 249. (2. A.)

Die

* Die nach Kant von mehrern Weltweifen feiner Schule gemachten Verfuche, die erften Gründe alles Erkennens und Wiffens aufzuftellen, find entweder glückliche oder verunglückte Fortfetzungen feiner Spekulationen, können aber auf keinen Fall zu den Hauptfyftemen gezählt werden. Befonders rechne ich hieher **Reinholds** Theorie des Vorftellungsvermögens, **Abichts** Prinzip der Befeelung, **Fichtens** und **Schellings** Grundfatz der Unbedingtheit des Ich.

S. 8. Dafs die Beantwortung — Wahrheit.) Die Frage wegen der Möglichkeit objektiver Wahrheit betrift theils die allgemeine Form unfrer Vorftellungen des Möglichen, Wirklichen und Nothwendigen, theils den Gehalt der Vorftellungen einzelner Erfahrungsgegenftände. Hier wird die Frage vorzüglich in der erften Beziehung gefafst. Dafs der Menfch eine nothwendige, fich gleich bleibende Form, fich die Gegenftände der Welt vorzuftellen, befitzt, und dafs er ihr zu Folge a priori urtheilt, ift eine allgemein zugeftandene Thatfache, die felbft der Skeptiker, feinem Bewufstfeyn nach, nicht läugnen kann. Der Dogmatiker unterfcheidet fich vom Kritiker dadurch, dafs jener für fich

fich beftehende und abfolute Form habende Gegenftände vorausfetzt, diefer aber zuvörderft fragt, ob nicht wohl das, was wir Gegenftände nennen, erft durch die Form unfrer Vorftellung entftehe, und alle Form von Gegenftänden ohne diefe Form nichts fey. Jener fetzt einen abfoluten Zufammenhang der Weltdinge auffer aller Vorftellung, und unabhängig von aller Vorftellung, und ftrebt zu erfahren, wie fich der Zufammenhang in der Verknüpfung aller Vorftellungen zu jenem Zufammenhange verhalte; diefer fetzt nichts auffer der Vorftellung, fondern betrachtet blofs diefen Zufammenhang als Objekt in der Vorftellung nach feinem Verhältniffe zu dem Gemüthe und feinem Vermögen.

S. 9. Wenn wir — was wir uns unter dem Gegenftande zu denken haben.) Der richtige Begriff des Gegenftandes ift nichts anders als die Darftellung einer Thatfache im Gemüthe des Menfchen, und als folche erfcheint er in den kritifchen Schriften Kants, und den Syftemen aller derer, die den Geift diefes Weltweifen nicht verkennen. Man verfehlt feinen Zweck, und giebt die kritifche Methode auf, fobald man ihn aus einem andern Begriffe, wie etwa dem der Vorftellung

lung entwickeln will. Daſs Herr Reinhold ſich von dieſer Seite mit ſeiner Theorie des Vorſtellungsvermögens gar ſehr getäuſcht habe, ſcheint gegenwärtig ſchärfer denkenden Köpfen ſo ziemlich einzuleuchten.

S. 11. **Die letzten Gründe der Möglichkeit — angebohrnen Vorſtellungen —**) Leibnitz erkannte die unveränderliche Form unſrer Weltvorſtellungen innerhalb unſres Gemüths an, ward aber dadurch dogmatiſch, daſs er durch einen nicht zu rechtfertigenden Sprung ſeiner Spekulazion, für ſich beſtehende Form der Dinge an ſich annahm, die Wahrheit in die Uebereinſtimmung jener Form mit dieſer Form ſetzte, und dieſe Uebereinſtimmung von der Allmacht des Schöpfers herleitete. Die Vorſtellungen der Sinnlichkeit, des Verſtandes und der Vernunft beziehen ſich alle auf dieſe Form der Dinge an ſich, nur auf verſchiedne Weiſe und in verſchiednen Graden, die Sinnlichkeit ſtellt die Merkmahle der Dinge an ſich verworren, der Verſtand und die Vernunft ſtellen ſie mit Klarheit und Deutlichkeit dar.

Einen unglücklichern Einfall hätten mehrere Gegner Kants nicht haben können, als dafs Leibnitzens Begriff der Sinnlichkeit von dem Kantifchen entweder gar nicht, oder doch nur fehr wenig verfchieden fey. Der Leibnitzifche Begriff von Sinnlichkeit ift unabtrennlich verknüpft mit der Vorausfetzung einer abfoluten Form der Dinge an fich, und der Möglichkeit diefe Form durch die Form feiner Vorftellungen darzuftellen. Wenn nach Leibnitzen die Sinnlichkeit nur einen Schein der Dinge darftellt, fo heifst diefs nichts anders, als dafs fie die Merkmahle der Dinge an fich verworren und dunkel ausdrückt. Diefer Schein ift alfo ganz etwas anders, als die Erfcheinung bey Kant; jener ift verworrene Kopie der abfoluten Form der Dinge, diefe enthält gar nichts von den Dingen an fich, und bezieht fich auch gar nicht auf fie, als ihre Originale. Leibnitz hatte, indem er von jenem Scheine fprach, die abfolute Form der Dinge an fich, als etwas Erkennbares im Sinne, verglich die Darftellungen der Sinnlichkeit mit diefer Form, die er blofs in feinen Ideen hatte, und beftimmte nach diefer Vergleichung den Begriff der Sinnlichkeit und den Gehalt blofser Anfchauungen. Kant mufste die ganze Vorftellung einer

Originalid. III. Theil. E ab-

abfoluten Form der Dinge an fich vernichtet haben, um zu feinem Begriffe der Sinnlichkeit zu gelangen, und damit die Theorie des Erkenntnifsvermögens zu gründen. Diefen Gefichtspunkt hat man nur feftzuhalten, um zu entfcheiden, in wiefern Leibnitzens Theorieen von Raum und Zeit mit der Kantifchen vereinbaret werden können oder nicht.

II.

II.

Ideen über den Einfluſs der Philoſophie auf die Beruhigung des Leidenden.

Vorerinnerungen.

Der Einfluſs der Philoſophie auf die Beruhigung des Menſchen bey den mannigfaltigen Uebeln, denen ſeine Natur in dieſer Welt ausgeſetzt iſt, wird immer noch ſo ſchwankend beſtimmt, daſs es Niemanden wundern darf, wenn er von vielen Verehrern jener Wiſſenſchaft überſpannt erhoben, und von den Verächtern derſelben entweder ganz geläugnet, oder doch wenigſtens bezweifelt wird. Wenn die kritiſche Philoſophie wirklich das Verdienſt hat, die der Menſchheit ſo nothwendigen Wahrheiten über ihre Beſtimmung, ihr Verhältniſs zur Welt, und zur Gottheit auf eine neue Weiſe dargeſtellt zu haben, ſo läſst ſich vermuthen, daſs ſich aus ihren Grundſätzen ebenfalls gewiſſe neue Reſultate über jenen Gegenſtand ergeben werden, und wenn es gewiſs iſt, daſs jene Philoſophie für die Bedürfniſſe unſers Herzens die menſch-

menschlichste ist, die sich gedenken läſst, so kann man schon im Voraus schließen, daſs auch diese Resultate überaus wohlthätig seyn müssen.

Bey der ganzen Unterſuchung ſcheint ungemein viel darauf anzukommen, daſs zuvörderſt richtig beſtimmt werde, in welchem Sinne man von der Philoſophie Mittel des Troſtes, Gründe der Beruhigung für Leidende erwarte. Und um dieſs richtig beſtimmen zu können, ſcheinen einige, gemeiniglich nicht genug beherzigte Bemerkungen über den Zuſtand des Leidens eines vernünftig-thieriſchen Weſens nöthig zu ſeyn.

Das leidende vernünftig-thieriſche Weſen oder der leidende Menſch iſt von dem leidenden bloſsen Thiere in mehr als einer Rückſicht auffallend unterſchieden, und folgende Punkte ſind für die Beſtimmung wahrer Beruhigungsgründe für den Menſchen von nicht geringer Wichtigkeit:

I. Jedes Leiden eines Menſchen, der wirklich, der Entwickelung und Thätigkeit ſeiner Vernunft nach, Menſch iſt, iſt verknüpft mit Reflexion über die Recht- und Zweckmäſsigkeit deſſelben Leidens. So lange demnach noch keine tröſtende Idee Einfluſs auf den leidenden Men-

Menschen hat, ist mit jedem seiner Leiden noch besonders ein Leiden aus moralischer Reflexion über sein Leiden verbunden, ein Leiden, welches so gewiss ausgezeichnet werden muss, als es seine eigenthümliche Quelle besitzt, und seine eigenthümlichen Beruhigungsgründe fordert. Der Mensch ist nämlich mit einer moralischen Vernunft begabt, die ihm Gesetze der Gerechtigkeit aufstellt, denen er Alles unterwerfen muss, und ihm einen Endzweck seines Daseyns bestimmt, den er auf keine Weise verläugnen kann. So wie er jeden seiner Zustände auf die Sittengesetze und den Endzweck seines Daseyns beziehen muss, so kann er sich auch keines Leidens bewusst werden, ohne es aus diesem Gesichtspunkte zu betrachten. Selbst diejenigen Leiden, welche man ausdrücklich **moralische** nennt, machen hier keine Ausnahme. Denn obwohl die einzelnen Zustände z. B. der Selbstschaam, der Reue u. s. w. sich dem Bewusstseyn mit unwiderstehlicher Evidenz als recht- und zweckmäsig ankündigen; so macht dennoch der Mensch seine **Fähigkeit moralischer Leiden im Ganzen, zum Gegenstande seiner Reflexion**, und verursacht facht sich dadurch ein neues Leiden, welches nur durch besondere Gründe der Beruhigung gehoben werden kann. Jedes Leiden eines Menschen also besteht, wenn es sich in seine natürlichen Folgen entwickelt: *a*) aus dem eigentlichen, nach Naturgesetzen mechanisch gewirkten Gefühle des Unangenehmen und des Schmerzes; *b*) aus dem Mifsvergnügen der Unzufriedenheit. Diese Unzufriedenheit ist entweder eine entschiedene, wo der Mensch überzeugt ist, sein Zustand sey unrechtmäfsig, und streite mit seinem Endzwecke, oder eine zweifelnde, wo er es für möglich hält, dafs diefs der Fall sein könne. Beide Arten sind unstreitig Leiden. Der Zustand *a*, und der andere *b* unterscheiden sich auch in ihren höchsten Gränzpunkten. Das eigentliche nach Naturgesetzen mechanisch gewirkte Gefühl des Unangenehmen und des Schmerzes endet, wenn es bis zum Aeufserften fortschreitet, mit Wuth, das Mifsvergnügen der Unzufriedenheit mit Verzweiflung.

II. Der Mensch besitzt im Leiden bis auf einen gewissen Grad Herrschaft über sein

fein Bewufstfeyn, Freyheit der Ideenbefchäftigung, Willkühr der Aufmerkfamkeit. Er kann alfo mancherley Kunftgriffe anwenden, um fein Gefühl des
Unangenehmen mechanifch zu heben,
oder wenigftens zu lindern.

III. Wirkliche Ueberzeugung der
Vernunft hat auf den Zuftand des leidenden Menfchen kräftigen Einflufs, und
zwar auf gedoppelte Weife: *a*) indem
fie ihm innern Frieden gewähren kann;
und mit diefem Muth und Stärke der Seele; *b*) indem fie eben dadurch das Gefühl des eigentlichen Leidens zu fchwächen, ja in manchen Fällen gänzlich zu
heben fähig ift.

Diefe Bemerkungen leiten mich auf
einen nicht zu überfehenden Unterfchied
der Mittel, den Zuftand des Leidenden
durch Vorftellungen zu feinem Vortheile
zu verändern. Sie find nämlich entweder:

1) Gründe eines fichern Friedens der
Seele des Leidenden, bewirkt durch Vernunftüberzeugung; oder 2) Methoden,
durch Benutzung der Herrfchaft des Leidenden über fein Bewufstfeyn, feiner
Frey-

heit in der Ideenbefchäftigung, feiner Willkühr über die Aufmerkfamkeit, ihm Stillung oder Linderung des unangenehmen Gefühls zu verfchaffen. Es fey mir erlaubt, nur die Gründe eines fichern Friedens der Seele des Leidenden, bewirkt durch Vernunftüberzeugung, mit dem Namen der **Troft- oder Beruhigungsgründe** zu belegen, die Methoden der zweyten Art hingegen **pfychologifche Kunftgriffe** zu nennen.

Die Philofophie kann fich diefen Bemerkungen zu Folge auf eine dreyfache Weife um die Menfchheit verdient machen:

1. Ihr erftes und vorzüglichftes Gefchäft in diefer Hinficht befteht darinn, dafs fie im Allgemeinen jenen dauernden Frieden der Seele begründet, welchen felbft die ftärkften Uebel des Lebens nicht zu zerftöhren vermögen, einen Frieden, welcher gewifs der höchfte Wunfch des Weifen ift. (**Theodicee für Leidende.**)

2. Dann vermag fie mannigfaltige Leiden, welche der Menfch fich felbft durch irrige Vorftellungen, durch natur-

turwidrige Stimmungen feines Begehrnngs- und Gefühlvermögens zugezogen oder vergröfsert hat, durch Berichtigung derfelben zu heben, oder doch wenigftens zu mindern; (Difciplin für Leidende.)

3. Endlich liefert fie reichen Stoff zu mannigfaltigen Kunftgriffen, vermittelft deren der Menfch feine unangenehmen Gefühle gegen angenehme umtaufchen, oder doch wenigftens die Dauer, Stärke und Bitterkeit derfelben einfchränken kann. (Technick der Beruhigung des Leidenden.)

Anmerkungen.

1) Wenn ich fage, jeder vollkommen entwickelte Zuftand des Leidens eines vernünftig finnlichen Wefens, wie der Menfch, enthalte, auffer dem eigentlichen mechanifch gewirkten Schmerze und Mifsvergnügen, noch ein befondres moralifches Leiden, entftanden durch Reflexion über die Recht- und Zweckmäfsigkeit feines gegenwärtigen traurigen Zuftandes, fo denke ich mir natürlich jenes Wefen, 1) wie es mit Vernunft über feinen Zuftand nachdenkt und Harmonie deffelben mit gerechter

ter weiser Absicht fordert; 2) aber die Ueberzeugung noch nicht gefaſst hat, aus welcher allein Befriedigung über diese so angelegentliche Rücksicht erfolgen kann.

Daſs nicht selten bei gedankenlosen, für ihre Bestimmung noch gleichgültigen Menschen dieses moralische Leiden sowohl als die Reflexion, wodurch es erzeugt wird, fehlet, widerlegt eben so wenig meine Behauptung, als es mich bestimmen kann, dieselbe einzuschränken. Wenn von allgemeingültigen sichern Trostgründen für die **leidende Menschheit** gehandelt wird, muſs der leidende Mensch zuvörderst nach der ganzen innern Einrichtung seines Vermögens zu leiden, allen Verhältnissen, unter welchen daſselbe bestimmt wird, allen Folgen, in die sich **natürlicher Weise** jeder Zustand des Leidens entwickelt, betrachtet werden, und wenn dieſs wahr ist, so erfordert der Einfluſs moralischer Reflexion über die Recht- und Zweckmäſsigkeit des Leidens auf den Zustand des Leidenden selbſt, eine besondre und vorzügliche Rücksicht.

2) **Wenn ich Gründe des Seelenfriedens für Leidende von psychologischen Kunstgriffen unterscheide,**
so

so denke ich mir unter dem Frieden einer Seele keinesweges einen blofsen periodifchen Stillftand, keinesweges eine blofse Einfchläferung der Traurigkeit, fondern denjenigen Zuftand unfers Begehrungs- und Gefühlsvermögens, welcher in uns entfteht, wenn wir von der Uebereinftimmung aller unfrer Zuftände, alfo auch unfrer Leiden, mit dem Gefetze und Zwecke des höchften Guten durch Vernunft, lebendig überzeugt find. Diefer Friede befteht alfo: 1) aus einer lebendigen Ueberzeugung durch Vernunft; 2) einer dadurch bewirkten bleibenden Richtung und Stimmung unfers *a)* Begehrungs- und *b)* Gefühlsvermögens zur Ruhe. Die Unterfcheidung diefes Friedens und der blofsen periodifchen Stillftände, und Einfchläferungen der Traurigkeit ift für die Entwickelung zuverläfsiger Troftgründe von nicht geringer Wichtigkeit. Wenn ich einem Leidenden wahrfcheinlich mache, dafs er nächftens eine vortheilhafte Folge feines Leidens erfahren werde, wenn ich ihm ein kräftiges Beyfpiel eines erhabenen ftandhaften Dulders äfthetifch vorhalte, wenn ich ihm das Kleine und Verächtliche eines Leidenden ohne alle Seelengröfse anfchaulich mache; fo kann ja wohl ein Stillftand
der

der Traurigkeit erfolgen, aber diefs ift ein kleiner und fehr unficherer Gewinn für ihn; mit dreyfacher Wuth kann ihn das Gefühl feines Leidens übermannen, ehe er fich deffen verfieht. Wenn ich einen Andern mit dem Gedanken vertraut mache: es fei nun einmal fo, und nicht anders, man könne gegen Nothwendigkeit nicht kämpfen, man fei ein endliches Wefen, Mitglied eines Syftems endlicher Wefen, müffe alfo gewiffe Leiden über fich nehmen, des Ganzen wegen u. f. w. fo kann ich vielleicht dadurch allmählig feine Traurigkeit einfchläfern, allein diefer, ohnehin eines Menfchen unwürdige, Zuftand, ift eben fo wenig von ficherer Zuverläfsigkeit, und das Wiedererwachen folcher Eingefchläferten oft fchrecklich genug. Ganz anders mit den wahren Gründen des Seelenfriedens für Leidende; haben diefe einmahl in ihrer vollen Kraft gewirkt; fo hat die Seele dadurch eine Stärke gewonnen, durch welche fie, felbft bey den fchrecklichften Uebeln fich aufrecht halten, und für ihr Dafeyn intereffiren kann. Aber ein folcher Seelenfriede entfteht auch nicht durch eine wenn auch noch fo feine und unfchuldige Täufchung, eben fo wenig durch blofs wahrfcheinliche Vorftellungen; er entfteht nur durch vollkommne Ueberzeugung

der

der Vernunft, und ruht, um es im voraus zu sagen, lediglich auf moralischen Gründen; keine Ueberzeugung, welche der Moralität widerspricht, oder nicht genug thut, kann Frieden der Seele gewähren.

3) Unter psychologischen Kunstgriffen verstehe ich schlechterdings nichts täuschendes*). So lange ein Leidender noch

---

*) Wenn ich die Seele eines Menschen, dessen Leiden in der Ehrsucht gegründet sind, durch allerley Vorstellungen und Versuche auf eine Neigung richte, welche fähig ist, ihn gegen das Reitzende der Plane der Ehrsucht gleichgültig zu machen, wenn ich ihm z. B. Geschmack an der Ruhe eines einfachen anspruchslosen Lebens einflöse, und ihn dahin bringe, dafs er über seine vormaligen Qualen lächelt; so ist diefs ein ächter psychologischer Kunstgriff. Wenn ich aber einen unglücklich Liebenden dadurch beruhigen will, dafs ich ihn ohne alle Wahrheitsgründe überrede, er habe sich in der Schätzung seines Mädchens getäuscht, und sie verdiene seine Liebe gar nicht, oder wenn ich ihm die Ueberzeugung aufdringen will, als sey die Liebe eine Schwäche, deren sich der Mensch jederzeit zu schämen habe, um durch Erweckung seines Stolzes seine Leiden zu heben, so sind diefs nichtswürdige Täuschungen, deren sich kein Mensch gegen den andern bedienen darf. Nicht viel

noch des zweckmäfsigen Gebrauchs feiner Seelenkräfte fähig, noch nicht Gemüthskrank

viel anders ift es auch, wenn man einen Vater bey dem Verlufte eines Kindes dadurch tröften will, dafs man ihm lebhaft vorftellt, wie fo leicht es möglich gewefen, dafs das Kind übel gerathen wäre.

Der berühmte Brief des Sulpicius an den Cicero nach dem Tode der Tullia, ift voll von folchen Sophifmen eines leidigen Tröfters. „Wie kannft du dich über den Tod des Weibes härmen, fagt S. da das Schickfal uns Alles, Vaterland, Würde und Aemter entriffen hat! Wer diefs ertragen mufste, den follte nichts mehr niederfchlagen können." Rührend wahr antwortet ihm Cicero: „Freylich ift jenes Alles verlohren, aber ich hatte doch, da fie noch lebte, in ihr ein Wefen, zu dem ich hinfliehen, bey deffen füfsem Gefpräche mein Kummer und meine Sorgen entfchlummern konnten. (Habebam, quo confugerem, ubi conquiefcerem, cujus in fermone et fvavitate omnes curas, doloresque deponerem.) Die gröfste Spitzfindigkeit des Sulpicius ift unftreitig die, wo er dem Cicero das Schaufpiel der Ruinen grofser Städte vorftellt, und ausruft: Hem, nos homunculi indignamur, fi quis noftrum interiit, aut occifus eft, quorum vita brevior effe debet, cum uno loco tot oppidum cadavera projecta jaceant? Und verächtlich fogar ift fein gleich darauf folgen-

krank ift, halte ich alle Täufchung für unfittlich und fchädlich. Die pfychologifchen Kunftgriffe, deren fich die Seelenärzte gewöhnlich bedienen, find in diefer Hinficht einer fchärfern Kritik gar fehr bedürftig.

I.

Ideen
zu einer Theodicee für Leidende.

Was es auch fonft für mannigfaltige Mittel der Beruhigung in einzelnen Leiden gebe, fo ift der Menfch gewifs fchon zur weifen zufriedenen Duldung der Uebel des Lebens unterftützt genug, wenn er umringt von den zahllofen Scenen deffelben einen Frieden der Seele geniefst, welcher fich auf Ueberzeugung von der Uebereinftimmung alles Uebels mit demjenigen Endzwecke gründet, deffen Ausführung feine Vernunft für die Menfchheit fordert. Ermangelt er diefes, fo möge man alle Künfte einer vernünftigen Tröftung an

gender Troftgrund: in unius mulierculae animula fi jactura facta eft, tantopere commoveris? *quae fi hoc tempore non diem fuum obiiffet, paucis poft annis tamen ei moriendum fuit, quoniam homo nata fuerat.*

an ihn verfchwenden, und er wird keinen
Augenblick ungetrübter Ruhe gewinnen,
wird fich vielmehr, gleich einem mifsver-
gnügten Bürger eines Staates, unter den pei-
nigenden Vorftellungen feiner Unzufriedenheit aufreiben.

Es giebt in der Sprache gewifs wenig fo
gedankenvolle und paffende Ausdrücke, als
es der des Friedens einer Seele ift.
Er bezeichnet uns den ganzen Charakter jenes reinen und fichern Ruhegefühls, welches
nur der Menfch, als eine Folge der wahren
Weisheit, für die Laufbahn feines Dafeyns
gewinnen kann. So lange der Menfch feine
Erkenntniffe der wirklichen Welt noch nicht
in Harmonie mit dem Endzwecke gefetzt hat,
welchen feine moralifche Vernunft für eine
Welt, welche der Wohnplatz vernünftigfinn-
licher Wefen ift, mit Nothwendigkeit beftimmt; fo findet ganz natürlich in feinem
Gemüthe eine innere Zwiftigkeit Statt, aus
welcher fich unabläffig unangenehme Gefühle
entwickeln. Indem auf der einen Seite die
moralifche Vernunft mit lauter Stimme den
Plan einer Welt, wie fie feyn follte, verkün-
digt, auf der andern aber die Erkenntnifsvermögen zahllofe Data der wirklichen Welt
überliefern, welche, dem Anfcheine nach,
jenem Plane widerfprechen, und befonders
das

das Schaufpiel des Uebels in der Welt mit allen feinen fchreckenden Farben fich ihm allenthalben aufdringt, geräth er in eine traurige Situation voll Verfuchung, Selbftkampf und Unruhe, alles erfcheint ihm jetzt in einer zweideutigen Geftalt, in ihm und auffer ihm ift nichts, was er mit Vertrauen umfaffen könnte, die Wohlthat des Lebens fcheint ihm eine verächtliche Uebergabe an die launenhafte Gewalt blinder Kräfte, die Vernunft eine falfche Freundin, welche feiner in diefer unfeligen Lage nur fpottet. Wenn den Menfchen im Zuftande diefer Gemüthsftimmung irgend eines der Leiden des Lebens trifft, fo mufs er nothwendig das troftlofefte Spiel feiner unangenehmen Gefühle werden. Seine Unruhe wegen des Dafeyns des Uebels überhaupt vereinigt fich mit den fchmerzhaften Empfindungen feiner gegenwärtigen befondern Lage, und der Einflufs derfelben allein ift hinlänglich genug, um alle Mittel, fich feinen Zuftand zu erleichtern, unwirkfam zu machen. In keinem Falle zeigt fich diefs fo ganz offenbar, als wenn Perfonen von jener Geiftesftimmung von Krankheiten befallen werden. Ihre Unzufriedenheit mit der ganzen Welt und ihrem eignen Verhältniffe in derfelben geht in eine fürchterliche Laune über, welche keinen Beruhigungsgrund Kraft gewinnen läfst, und eben dadurch auch dem

Arz-

Arzte den Erfolg feiner heilfamen Verfuche erfchwert.

Nichts ift alfo gewiffer, als dafs der Menfch, um fich gegen die Leiden des Lebens in Faffung zu fetzen, zuvörderft im Innern feiner Seele Friede ftiften mufs. Denn ohne diefen Frieden ift keine fichere Beruhigung im Einzelnen möglich, er ift die Hauptbedingung, unter welcher alle nur gedenkbare Mittel der Milderung wirkfam feyn können.

Ich habe bereits im vorigen Auffatze, aber nur im Allgemeinen, angegeben, was ich unter dem **Frieden einer Seele** verftehe, und diefen Zuftand von dem Zuftande **einer blofs periodifchen Unterbrechung oder einer blofsen Einfchläferung der Traurigkeit** unterfchieden. Um jenen Zuftand mit der möglichften Genauigkeit zum Behufe meiner gegenwärtigen Unterfuchung zu beftimmen, darf ich mich unftreitig folgender Erklärung bedienen, in deren Annahme, wie mir fcheint, alle denkende Menfchen mit einander übereinftimmen müffen. **Friede der Seele ift eine auf Vernunftgründen ruhende Fertigkeit, alle Uebel der Welt als Mittel für den Endzweck des höchften Gutes anzufehn, eine daraus ent-**
fprin-

springende Fähigkeit, sich diejenigen angenehmen Gefühle zu verursachen, welche mit dieser Vorstellungsart zusammenhängen, jene unangenehmen aber von sich zu entfernen, welche die Folge der entgegengesetzten Vorstellungsart sind, endlich ein dadurch bestimmtes Vermögen der Ergebung und Fassung beym Herannahen, und der Gegenwart eigener Leiden.

Wie viel Täuschendes auch der Leichtsinn, oder eine von Temperament, oder vernunftwidriger blinder Resignation herrührende Seelenstärke anzunehmen fähig ist; es giebt ohne religiöse Ueberzeugung durch Vernunft keinen sichern und des Menschen würdigen Frieden der Seele. Das blosse Thier geniefst in der Befriedigung seiner sinnlichen Bedürfnisse allein, eines bleibenden Wohlgefühls, ohne durch den Gedanken an Endzweck und Bestimmung der Welt beunruhigt zu werden; der Mensch müsste aus sich selbst herausgehen können, wenn er je mit Zusagung seines Bewusstseyns das ununterdrückbare Interesse der Fragen verläugnen wollte: Hat die Welt einen Endzweck? Welcher ist es? Wird er, und wie wird

wird er ausgeführt? Welchen Antheil hat die Menſchheit an der Realiſirung deſſelben?

Nicht genug, daſs er dieſe Fragen aufwerfen muſs; ſeine Vernunft geht weiter, ſie fordert ohne alle Einſchränkung einen beſtimmten Weltendzweck, den ſie für nothwendig erklärt, wenn nicht das ganze All der Dinge und alle moraliſche und phyſiſche Ordnung ein armſeliges Spiel des Zufalls ſeyn ſoll. Gut ſeyn, was iſt höher, als dieſs, und wenn wir glücklich werden dadurch, daſs wir gut ſind, bleibt dann noch ein gerechter Wunſch unſerer Natur unbefriedigt, ſind wir dann nicht an einem Ziele, wo die ganze Fülle der ädelſten Zufriedenheit über uns kommt? — Tugend und Glückſeligkeit in Harmonie; die Vernunft kann dieſen Gedanken durch keinen andern übertreffen, ſie kann ſich aber auch an keinem niedrigern begnügen; es iſt eine Höhe, über welche hinaus wir nicht weiter athmen, unter welcher aber auch die Flügel unſeres Geiſtes ſich nicht ſenken können. — Troſtlos wäre es, wenn der erhabenſte aller Gedanken, der ſo innigſt in die menſchliche Natur verwebt iſt, ein bloſses Ideal für unſern Geiſt bliebe, wenn ſich zu wirklicher vollkommener Realiſirung deſſelben keine Ausſicht eröffnete, die uns zu Glauben und Hoffnung begei-

geiſtern könnte. Dann wäre das arme Men-
ſchenweſen durch den ädelſten Schwung ſeiner Kraft unglücklich, elend gerade dadurch,
wodurch es der Seligkeit am würdigſten iſt.
— Aber es giebt eine Wahrheit für den
Menſchen, die ihn das Dunkel durchdringen
läſst, welches die Zukunft und feine Beſtimmung umhüllt, eine Wahrheit, deren Stoff
er nicht auſſer ſich zu ſuchen braucht, die er
in ſeiner eignen Natur vorbereitet findet, eine Wahrheit, welche aus dem Innerſten des
Herzens ſelbſt hervorgeht. „Es iſt ein
Gott"! Hat der Menſch dieſen Gedanken erreicht, (und er muſs es, wenn ſeine Vernunft nicht ganz ſchläft;) dann zerſtreuen
ſich vor ſeinem Blicke die Nebel, welche die
Ausſicht in das Univerſum ſo zweideutig machten, dann liegt der allgemeine Riſs des Welt-
planes in vollem Lichte vor ſeinen Augen,
dann überſieht er mit einem heiligen Schauer
die moraliſche Ordnung in ihrer unwandelbaren feierlichen Majeſtät, und entdeckt mit
entzückenden Ahndungen, daſs die phyſiſche
Natur gegenwärtig ſich in zahlloſen Abwei-
chungen von jener nur deſshalb entfernt, um
ſich in der Ferne der Zukunft deſto harmoni-
ſcher mit ihr zu vereinigen. Dann erſt,
wenn der Menſch dieſen Glauben gewonnen
hat, kann er Eins mit ſich ſelbſt ſeyn, in ſich
und auſſer ſich freudig ſeine Blicke werfen,

und

und in der Fülle des geiftigen Lebensgefühles fein Dafeyn und feine Fortdauer fegnen.

Man wird nicht verkennen, dafs ich hier als unbezweifelt vorausfetze, dafs die moralifche Vernunft die alleinige Quelle aller natürlichen Religion ift, dafs Dafeyn Gottes, moralifcher Weltplan, Unfterblichkeit der Seele, Glaubenswahrheiten des menfchlichen Herzens find. Sie ruhen auf feftem Grunde, nämlich auf der unwandelbaren Gefetzgebung, die unfrer Vernunft eingepflanzt ift, und die wir nicht denken können, ohne augenblicklich zum Ueberfinnlichen empor zu ahnden.

Allein die wirkliche Welt liefert in dem taufendfachen Uebel, welches fie enthält, ein Schaufpiel, welches den Gottesglaubigen felbft, bis in das Innerfte erfchüttert. Ift gleich in feinem Herzen Friede, ift er gleich geftimmt zur Ergebung und Zuverficht; fo kann er doch nicht ohne Unruhe die Welt der vernünftigen, vernunftlos lebenden, und leblofen Wefen betrachten, wo die Quellen der Leiden mit den Quellen des Vergnügens an Menge und Reichhaltigkeit wetteifern, und nur felten in der Vertheilung von Glück und Elend Gottes Finger fichtbar wird.

Ich

Ich halte es für eine graufame Empörung des Menfchengefühls, wenn man diefe Thatfache, für welche die ganze Natur fpricht, wegvernünfteln, und die Leiden der Lebenden durch fpitzfindige Zergliederung in Täufchung auflöfen will. Diefs bahnt eben fo wenig den Weg zur Religion, als es im Befitze derfelben fichern kann. Wahrer und redlicher geht man zu Werke, wenn man dem Menfchen die zahllofen Uebel, die mit der jetzigen Ordnung der Dinge verknüpft find, in einem treffenden Gemählde vorhält, und die Farben dazu gerade fo fchwarz wählt, als die Natur der Gegenftände es erfordert. Je ein finfterer Ton von Melancholie, (der doch zugleich wahr ift,) in den Zügen diefes Gemähldes herrfcht; um fo reizender wird fich über ihm die wohlthätige Beleuchtung der Religion verbreiten.

Verläugnen wir es alfo nicht, fondern erkennen es in feiner vollen Wahrheit an:

1. In der jetzigen Ordnung der moralifchen und phyfifchen Welt find zahllofe, nicht zu verftopfende Quellen des Elends, und die jetzige Vertheilung von Genufs und Leiden fteht in keiner fichtbaren Harmonie mit den ewigen Gefetzen der Gerechtigkeit.

2. Der

2. Der Menfch, die Zierde der Schöpfung, befitzt in jedem feiner Vermögen, von dem niedrigften bis zum höchften, eine Quelle des Leidens, und fo lange man ihn noch nicht nach dem Gefichtspunkte der Religion betrachtet, erfcheint er als das bejammernswürdigfte Kind der Natur, als ein Wefen, welches zuverläffig in dem Maafse elender und troftlofer wird, in welchem es feine edelften Kräfte auf das würdigfte bildet.

Der Phyfikotheolog verweifst den Menfchen, welcher fich von der Beftimmung der Welt und dem Dafeyn eines Gottes überzeugen will, an die Natur; die Betrachtung ihrer Anordnung, ihrer Zweckmäfsigkeit, ihres Reichthums, verfpricht er, werde feine Vernunft zur Gewifsheit hinleiten, dafs es einen weifen, gütigen Weltfchöpfer gebe, der die gröfste mögliche allgemeine Glückfeligkeit der lebenden Wefen durch fein Univerfum beabfichtige.

Gern überläfst fich der Menfch einer fo fchmeichelhaften Hoffnung, und fammelt angelegentlich die zerftreuten Data zu der fo fehnlich verlangten Ueberzeugung.

Aber

Aber nur zu bald bemerkt er, wie fo zweydeutig die Natur in allen ihren Zügen ift, wie immer ihrem Betrachter der folgende Auftritt die Hoffnungen wieder entreifst, die der vorige erregte. Zahllofe Millionen Leben läfst fie aus geheimnifsvollen Keimen hervorgehn, und führt fie felbft, nach kurzer Dauer, ihrer Vernichtung entgegen; Schaaren von Thieren, welche nur der Inftinkt leiten kann, erwarten oft vergebens von einem blinden Zufalle die Mittel ihrer Erhaltung; darbend gehen fie unter, oder werden Opfer einer Feindfchaft, die die Natur unter ihnen ftiftete, oder auch des Bedürfniffes, des Luxus, und des Vergnügens der Menfchen; kunftvoll ift die Natur in ihrem Erzeugen und Erhalten, aber eben fo kunftvoll im allmähligen und plötzlichen Zerftöhren. Der Menfch fcheint ihr Liebling zu feyn; allein auch fein Loos ift ein zweideutiger Wechfel von Glück und Elend, ein niederfchlagender Uebergang von einer kurzen Blüthe zur Auflöfung und zum Nichts. Trauernd fteht der Betrachter vor dem unermefslichen Schauplatze der Natur, und befchwört fie vergebens um das Refultat ihrer erfchütternden Kontrafte. Tiefe Schwermuth beginnt feine ganze Seele zu beherrfchen, und es ift nicht Schwärmerei, nicht Wahn eines GemüthsKranken, wenn er mit Werther feuft: „Da ift kein Augen-
„blick,

„blick, der nicht dich verzehrte, und die Dei-
„nigen um dich her, kein Augenblick, da du
„nicht ein Zerstöhrer bist, sein mufst; der
„harmloseste Spaziergang koftet taufend ar-
„men Würmchen das Leben, es zerrüttet ein
„Fufstritt die mühfeligen Gebäude der Amei-
„fen, und ftampft eine kleine Welt in ein
„fchmähliches Grab. Ha! nicht die grofse
„feltne Noth der Welt, diefe Fluthen, diefe
„Erdbeben, die eure Städte verfchlingen, rüh-
„ren mich, mir untergräbt das Herz die ver-
„zehrende Kraft, die in dem All der Natur
„verborgen liegt, die nichts gebildet hat, das
„nicht feinen Nachbar, nicht fich felbft zer-
„ftöhrte. Und fo taumle ich beängftigt, Him-
„mel und Erde und ihre webenden Kräfte um
„mich her, ich fehe nichts, als ein ewig ver-
„fchlingendes, ewig wiederkäuendes Unge-
„heuer." Oder, wenn er wenigftens fo
glücklich ift, eine Wahrfcheinlichkeit für das
Dafeyn Gottes zu bekommen, fo kann er
doch nur fagen, wie jener Forfcher nach
Gott in der Natur, den Pafkal fchildert: „ich
„fehe zu viel, um zu läugnen, und zu
„wenig, um nicht zu zweifeln*)."

Ver-

---

*) Pafkals fchöne Stelle ift die folgende: En vo-
yant l'aveuglement et la mifere de l'homme, et
ces

Vergebens bildet der Phyſikotheolog eine glänzende Schilderung der Vollkommenheit der

ces contrarietés étonnantes qui ſe découvrent dans ſa nature; et regardant tout l'univers muet, et l'homme ſans lumiere, abandonné à lui-même, et comme égaré dans ce ŗecoin de l'univers, ſans ſavoir qui l'y a mis, ce qu'il y eſt venu faire, ce qu'il deviendra en mourant; j'entre en effroy comme un homme qu'on auroit porté endormi dans une iſle deſerte et effroyable, et qui s'éveilleroit ſans connoitre où il eſt et ſans avoir aucun moyen d'en ſortir. Et ſur cela j'admire comment on n'entre par en deſespoir d'un ſi miſerable etat. Je vois d'autres perſonnes auprés de moi de ſemblable nature. Je leur demande s'ils ſont mieux inſtruits que moi et ils me diſent que non. Et ſur cela ces miſerables égarés ayant regardés autour d'eux, et ayant vu quelques objets plaiſants s'y ſont donnés et s'y ſont attachés. Pour moi je n'ai pu m'y arreter, n'y me repoſer dans la ſocieté de ces perſonnes ſemblables à moy, miſerables, comme moi, impuiſſantes comme moi. Je vois, qu'il ne m'aideroient pas a mourir; je mourrai ſeul, il faut donc faire comme si j'etois ſeul; or si j'etois ſeul, je ne batirois pas des maiſons, je ne m'embarraſſerois point dans les occupations tumultuaires; je ne chercherais l'eſtime de perſonne, mais je tâcherois ſeulement a découvrir la verité.

Ainſi conſiderant combien il y a d'apparence qu'il y a autre choſe que ce que je vois, j'ai
re-

der Welt, zeigt Quellen der Glückfeligkeit in dem Weltall überhaupt, in dem Sonnenfy-
ftem,

recherché fi ce dieu dont tout le monde parle n' auroit point laiffés quelques marques de lui. Je regarde de toutes parts et je ne vois partout qu'obfcurité. La nature ne m'offre rien qui ne foit matiere de doute et d'inquietude. Si je n'y voyois rien qui marquat une divinité, je me déterminerais à n'en rien croire. Si je voyois par tout les marques d'un createur, je repoferois en paix dans la foi. Mais *voyant trop pour nier et trop peu pour m'affurer*, je fvis dans un état à plaindre, et où j'ay fouhaité cent fois que fi un Dieu foutient la nature, elle le marquat fans équivoque, et que fi les marques qu'elle en donne font trompeufes, elle les fupprimat tout-à fait; qu'elle dit tout, ou rien."

„Wenn ich die Blindheit und das Elend des Men-
„fchen, und die erftaunlichen Widerfprüche feiner
„Natur betrachte, wenn ich finde, dafs rings um-
„her das Univerfum ftumm ift, und der Menfch, oh-
„ne Licht, fich felbft überlaffen, und wie verlohren
„in einem Winkel des Alls fteht, unwiffend,
„woher er gekommen, wozu er da fey, und
„was nach feinem Tode aus ihm werde; dann
„entfetze ich mich, wie ein Menfch, den man
„fchlafend in eine verlafsne, fchreckenvolle In-
„fel getragen hätte, und der nun erwachte, oh-
„ne zu wiffen, wo er wäre, und wie er entflie-
„hen könnte. Ich fehe Wefen um mich, die mir
„gleich find, ich frage fie, ob fie etwas mehr
„wiffen, als ich, und fie erwiedern mir: nein;
„die

ſtem, und dem Erdplaneten im Beſondern, entwickelt die Einrichtung der lebendigen
We-

„die meiſten von ihnen feſſeln ſich an Gegen-
„ſtände des Vergnügens, und finden in ihnen ih-
„re Befriedigung. Mir geben dieſe Weſen kei-
„nen Troſt, dieſe Weſen, die mir gleich ſind,
„ſo elend, ſo ohnmächtig ſind, als ich. Sie
„werden mir nicht ſterben helfen, ich werde al-
„lein ſterben. So will ich denn auch thun, als
„ob ich allein wäre; und wenn ich allein wäre,
„da würde ich keine Häuſer bauen, mich nicht
„in rauſchende Geſchäffte werfen, nicht um die
„Gunſt von irgend Jemand buhlen, ich würde
„nur ſtreben, die Wahrheit zu entdecken.

„Bedenke ich, daſs doch, aller Wahrſchein-
„lichkeit nach, es auſſer und über dieſer Sin-
„nenwelt noch etwas giebt, ſo frage ich, ob
„denn der Gott, von dem alle Welt redet, nicht
„einige Merkzeichen von ſich gegeben haben
„ſollte? Ich blicke nach allen Seiten umher,
„und ſehe überall nur Dunkelheit. Die Natur
„bietet mir nichts dar, was nicht Stoff zu Zwei-
„fel und Unruhe ſei. Fände ich in ihr gar
„nichts, was eine Gottheit andeutete, ſo könnte
„ich mich beſtimmen, ſie zu läugnen. Aber da
„ich zu viel ſehe, um zu läugnen, und zu we-
„nig, um nicht zu zweifeln, ſo gerathe ich in
„einen beklagenswerthen Zuſtand, und mein be-
„ſtändiger Wunſch iſt, daſs, wenn ein Gott die
„Natur erhält, ſie mir es ohne Zweideutigkeit
„ankündige, trügeriſche Merkzeichen ganz un-
„terdrücke, mir Alles ſage, oder Nichts."

Wefen zum Genufs der Glückfeligkeit, die
Einrichtung des thierifchen Körpers überhaupt zu diefem Zwecke, das genaue Ver
hältnifs der Werkzeuge, Kräfte, Triebe, Fähigkeiten und Fertigkeiten unter
einander, in Beziehung auf die Glückfeligkeit
der Individuen, und auf die Erhaltung der
Arten, beweifst die unermefsliche Menge be-
lebter Wefen; vergebens zeigt er, dafs falfche Gefichtspunkte und Vorurtheile auf die
Berechnung des Uebels in der Welt Einflufs
haben; nie gelangt er bei dem gröfsten Aufwande ausgebreiteter Naturkenntniffe, und
dem feinften Scharffinne zu dem gewiffen Refultate, dafs die Welt einen Endzweck habe;
und diefer Endzweck die möglichft grofse
Glückfeligkeit aller Lebenden fei. Wenn
man ihm die Richtigkeit der Thatfachen zu-
giebt, welche er zufammenftellt, fo mufs er
gegenfeitig auch die zahllofen Ausnahmen anerkennen, welchen die Regel der Glückfeligkeit in der Welt unterworfen ift, mufs zugeftehen, dafs in der Vertheilung der Glückfeligkeit und des Elends, kein moralifches
Prinzip fichtbar ift, fondern dem Augenfchei-
ne nach, der blofse Zufall herrfcht.

Aber ift es nicht vielleicht Weisheit einer menfchenfreundlichen Philofophie, den
Augen der Menfchen das Uebel in der Welt

fo

ſo viel als möglich zu entziehn, und ihre Herzen für Szenen der Glückſeligkeit empfänglich zu machen? Wird nicht dadurch religiöſe Ueberzeugung, nicht Zufriedenheit, und Ergebung in ſeine Beſtimmung befördert? Ich will auf dieſe Fragen nicht erwiedern, was Jeder zugeben muſs, daſs alle Täuſchung unmoraliſch, und es frevelhaft iſt, Religion auf Täuſchung zu gründen; das aber muſs ich vorzüglich bemerken, daſs keine Täuſchung zugleich unſichrer und gefährlicher iſt, als eine ſolche Täuſchung über das Uebel in der Welt. Es iſt Thatſache, ein freyer Blick in die wirkliche Welt durchdringt den Schleyer, mit welchem es eine miſsverſtandene Menſchenfreundlichkeit zu verhüllen denkt, und der Betrug bey dieſer Abſicht iſt ſo grob, daſs der Menſch, wenn er ihn beſiegt hat, nur zu leicht geneigt wird, eine widrige Stimmung gegen alle religiöſe Wahrheit anzunehmen. Zurückgekommen von ſeiner Täuſchung, ſchrecklich überraſcht, und mit Entſetzen erfüllt durch die Szenen des Elends, welche die Welt darbietet, dürfte mancher Forſcher ſich um ſo leichter dem Zweifelgeiſt und Atheiſm in die Arme werfen, und alle Verſuche, Religionsüberzeugung zu gewinnen, aufgeben.

Originalid. III. Theil.   G   Son-

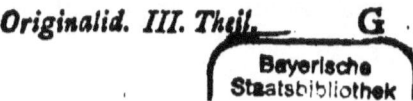

Sonderbar, dafs die Phyſikotheologen ihr Gemählde von den Quellen der Glückſeligkeit in der Welt immer nur im Allgemeinen ſkizziren, und ſich nicht beſonders an die menſchliche Natur wenden, um ausführlich zu zeigen, welche Quellen der Glückſeligkeit denn in ihr liegen. Der Menſch iſt ſich ſelbſt der nächſte, und wenn er nur in ſeiner eignen Natur eine Einrichtung zur Glückſeligkeit, ohne Ausnahme, fände, ſo wäre diefs ſchon für ihn ein ſehr überwiegender Grund, Ueberzeugung wegen ſeiner Beſtimmung zu faſſen. Vielleicht, daſs es den Phyſikotheologen nicht entgehen konnte, daſs die menſchliche Natur, betrachtet ohne alle Hinſicht auf Religion und künftige Beſtimmung, uns das in ſeiner Art einzige Phänomen eines Weſens darbietet, welches in dem Maaſse an Glückſeligkeit verlieren muſs, in welchem es ſeine edelſten Kräfte entwikkelt. Faſſen wir dieſen auf den erſten Blick etwas abſchreckenden Geſichtspunkt! Vielleicht dürfte er uns zur Wahrheit und zur Ruhe hinleiten, indem er uns auf einen andern Geſichtspunkt führte, aus welchem allein der Menſch troſtvolle Ausſichten für ſeine Beſtimmung gewinnen kann.

Die ſinnliche Natur des Menſchen iſt des Wohls und des Wehes empfänglich, wie
dem

dem Anschein nach jedes Wesen der Thierwelt. Ob der Mensch sich angenehmer fühlen könne, als die übrigen Wesen, ob seine Schmerzen empfindlicher seien, als die von diesen, läfst sich, so scheint es, auf keinen Fall ausmachen. Gewifs aber ist es, dafs die Natur nicht milder mit dem Menschen umgeht, denn mit irgend einem Thiere, dafs ihre Seuchen, ihre Ungewitter, ihre Stürme, ihre Fluhten, ihre Erdbeben auch für ihn fürchterliche Quellen von Schrecknissen, Elend und Untergang sind. Das blofse Thier steht unter dem Einflusse der Elemente da, und kämpft immer nur mit dem Ungemach der Gegenwart, unbesorgt wegen der Zukunft. Der Mensch besitzt eine Phantasie, der er freylich mannigfaltige Freuden verdankt, die aber, in ihrer höchsten Entwickelung, gewifs seine Glückseligkeit mehr einschränkt, als befördert.

Sie vergegenwärtigt ihm immer die Bilder möglicher Uebel, und verbittert ihm den ruhigen Genufs seiner Gegenwart; sie erfüllt ihn mit grausenden Ahndungen von Leiden, erschüttert ihn bey jedem tiefern Blicke in sich selbst durch die Vorbildung seines unausbleiblichen Todes; sie täuscht ihn durch erträumte Ideale von Glückseligkeit, durch Erregung von Wünschen, welche in diesem Krei-

Kreife der Dinge nicht befriedigt werden können; durch fie' wird er gleichgültig gegen Freuden, die er genieſſen kann, und haſcht ungedultig nach ſolchen, deren Gewährung unmöglich ift. Sonderbar arbeitet ſich der Phyſikotheolog felbſt entgegen, wenn er, um das Uebertriebene in den Schilderungen des Uebels der Welt zu zeigen, den Einfluſs der menſchlichen Phantaſie auf das Bewuſstſeyn, Gefühl und Mitgefühl deſſelben rügt. Eben dieſer, dem Menſchen eigne, Hang ſeiner Einbildungskraft, die Vorſtellung eigner und fremder Uebel zu vergröſsern, dieſe uns ſo natürliche Stimmung, unſre und Andrer Situationen in der ſchwärzeſten Beſchattung zu ſehen, iſt eine fruchtbare Quelle von Leiden und Gefühlen der Unzufriedenheit mit unſerm Zuſtande. Oder wollte man behaupten, dieſe Richtung ſey unnatürlich, ſo möchte man doch zeigen, daſs ſie nicht durch Thätigkeiten unſrer Urtheilskraft erfolge, welche wir gar nicht fähig find zu unterdrücken, daſs ſie nicht auf Vergleichung gegenwärtiger Zuſtände mit vergangenen, wirklicher mit eingebildeten möglichen beruhe; möchte darthun, daſs ſie nicht unausbleiblich eintrete, ſobald unſre Phantaſie einen höhern Grad von Entwickelung und Cultur bekommt. Schnell genug entſchwindet uns der glückſelige Traum unſrer frühern Jugendjahre, wo wir

in

in fchuldlofer Kurzfichtigkeit fo manchen
Auftritte des Elendes überfahen, und ein wohl-
thätiger Leichtfinn unfre frohe Laune über
fo manche abfchreckende Seite unfers Schick-
fals hinwegfpielen liefs. Wir erwachen nur
zu zeitig aus diefem Traume, der uns den
Eingang eines unruhvollen Lebens verfüfsen
foll, und je mehr unfre Aufmerkfamkeit an
Dauer, unfre Urtheilskraft an Schärfe, und
unfre Phantafie an lebendiger Stärke gewinnt,
um fo mehr entwickelt fich in uns jene immer
offene Empfänglichkeit für Eindrücke des
Uebels, jene unfelig feine und in die gröfste
Ferne gehende Sehkraft für Leiden, die wirklich find, und jener feindfelige Witz, mit dem
wir Leiden dichten, und uns durch die eignen
Gefchöpfe unfrer Laune peinigen.

Anmerkung.

Es ift in der That ein auffallendes
ὕϛερον πρότερον, wenn der Phyfikotheolog
diefe Thatfache dadurch zu mildern verfucht, dafs er fie für eine in unfrer Natur weifslich angelegte Täufchung aus-
giebt, und über ihre Zweckbeftimmung
fo entfcheidend urtheilt, dafs er fogar
behauptet, ohne fie fey das Mitleiden
für den Menfchen gar nicht möglich gewefen. Wenn man erft durch Aufzäh-
lung

lung von Anftalten zur Glückfeligkeit und den Erweifs derfelben, als Endzweckes der Welt, aus den Thatfachen von diefer, zur Ueberzeugung vom Dafeyn Gottes hingelangen will, mufs man nicht gleich anfangs, unter Vorausfetzung diefes erft zu erweifenden Dafeyns, über das Uebel in der Welt urtheilen. Setze ich diefes Dafeyn voraus, dann gewinnt freylich die Welt vor meinen Augen eine andre Geftalt, und ich kann mich in Beziehung auf das Uebel dadurch beruhigen. Allein es fragt fich, ob die Thatfachen der Naturwelt, an und für fich felbft betrachtet, hinlänglich find, um Ueberzeugung vom Dafeyn Gottes dadurch zu begründen, ob fich fo unzweydeutige Zubereitungen für den Endzweck der Glückfeligkeit in ihr finden, dafs man fie nur betrachten dürfe, um jene Ueberzeugung zu gewinnen.

Herr Platner hat durch die in feinen philofophifchen Aphorifmen, felbft in der neuen Ausgabe noch, aufgeftellten Sätze über das Uebel in der Welt zu mannigfaltigen Bemerkungen diefer Art Veranlaffung gegeben, und ich geftehe, dafs ich die Beharrlichkeit diefes fcharffinnigen Mannes auf gewiffen Verfuchen,

fuchen, das Uebel in der Welt theils zu
läugnen, theils, dem Umfange und dem
Grade nach, zu reduciren, mir nicht zu
erklären weiſs. Ich rechne hieher auch
die Stelle §. 1010. „Keine Philofophie
„wird je vermögend feyn, die Meynung
„der Menfchheit von dem Uebergewichte
„des Elends merklich zu fchwächen.
„Denn diefe Meynung felbſt iſt
„eine von der göttlichen Weis-
„heit angeordnete Täufchung.
„Der Grad von Anftrengung für eigene
„und fremde Glückfeligkeit, welcher in
„der Menfchheit wirkfam und erforder-
„lich, ift zur gröſsten möglichen Glück-
„feligkeit, war nicht vereinbar mit
„dem Gedanken, daſs unfer felbſteige-
„ner Zuftand gut, und der Zuftand un-
„frer Mitgefchöpfe erträglich fey, und
„daſs die Welt mehr Glückfeligkeit ent-
„halte, als Elend. Unmöglicher als
„Alles war ohne diefe Täufchung das
„Mitleid mit feinen Wohlthaten. §. 1011.
„Die Meynung mehr elend zu feyn, als
„glückfelig, ift jedoch in dem Innern der
„Seele etwas anders als Schmerz; ob fie
„wohl befonders in klagenden Aeufferun-
„gen Schmerz zu feyn fcheint." Behauptungen diefer Art zeigen nur zu
deutlich, zu welchen Gewaltfamkeiten in

der

der Darstellung der Verhältnisse des Menschen, und zu welchen Kühnheiten im Berufen auf Gott, der Physikotheolog sich berechtigt glauben kann, wenn er einmahl Alles auf Glückseligkeit als letzten Zweck bezieht. Dann steht er nicht an, uns zu überreden, ein Uebel sey kein Uebel, und die Gottheit muſs sich, seinem Systeme zu Gefallen, herablassen, das Glück der Menschheit durch Täuschung und Betrug zu befördern!!

Aechte philosophische Redlichkeit findet sich in den zerstreuten Aeusserungen Kants über diesen Gegenstand, eines Mannes, den, wie wir sehr wohl wissen, weder Zweifelgeist, noch Liebe zur Paradoxie, noch Ueberspannung der Einbildungskraft, noch Gemüthskrankheit, noch Uebelwollen gegen das menschliche Geschlecht, zu einer falschen Ansicht der Lage des Menschen verführen konnte. Wie wahr sagt er in seiner Kritik der teleologischen Urtheilskraft S. 384. Der Mensch entwirft sich die Idee der Glückseligkeit selbst, und zwar auf so verschiedene Art, durch seinen mit der Einbildungskraft und den Sinnen verwickelten Verstand, er ändert so gar diesen so oft, daſs die Natur,
wenn

wenn fie auch feiner Willkühr gänzlich unterworfen wäre, doch fchlechterdings kein beftimmtes allgemeines und feftes Gefetz annehmen könnte, um mit diefem fchwankenden Begriffe, und fo mit dem Zwecke, den jeder fich willkührlicher Weife vorfetzt, übereinzuftimmen. Aber felbft, wenn wir entweder diefen auf das wahrhafte Naturbedürfnifs, worinn unfre Gattung durchgängig mit fich übereinftimmt, herabfetzen, oder, andrerfeits, die Gefchicklichkeit, fich eingebildete Zwecke zu verfchaffen, noch fo hoch fteigen wollten, fo würde doch, was der Menfch unter Glückfeligkeit verfteht, und was in der That fein eigner letzter Naturzweck ift, von ihm nie erreicht werden; denn feine Natur ift nicht von der Art, irgendwo im Befitze und Genuffe aufzuhören und befriedigt zu werden. Andrerfeits ift fo weit gefehlt, dafs die Natur ihn zu ihrem befondern Liebling aufgenommen, und vor allen Thieren mit Wohlthun begünftigt habe, dafs fie ihn vielmehr in ihren verderblichen Wirkungen, in Peft, Hunger, Waffergefahr, Froft, Anfall von andern grofsen und kleinen Thieren u. dgl. eben fo wenig verfchont, wie jedes andre Thier; noch mehr aber, dafs das Widerfinnifche der Naturanlagen ihn felbft in felbft erfonnenen Plagen und noch andre von feiner eigenen Gattung, durch den Druck der Herrfchaft, die Barbarei der Kriege u. f. w. in folche Noth verfetzt, und er felbft, fo viel an ihm ift, an der Zerftöhrung feiner eigenen Gattung arbeitet, daſs felbft bey der wohlthätigften Natur auſſer uns der Zweck derfelben, wenn er auf die Glückfeligkeit unfrer Species geftellt wäre, in einem Syftem derfelben auf Erden nicht erreicht werden würde, weil die Natur in uns derfelben nicht empfänglich ift. S. 391. Was das Leben für uns für einen Werth habe, wenn diefer blofs nach dem gefchätzt wird, was man genieſst, ift leicht zu entfcheiden. Er finkt unter Null; denn wer wollte wohl das Leben unter denfelben Bedingungen, auch nach einem neuen felbft entworfenen Plane, der aber auch blofs auf Genufs geftellt wäre, aufs neue antreten?"

Setzen wir die Betrachtung des Menfchen ftufenweife fort bis zu feinen höchften edelften Kräften, und machen wir vorzüglich das Verhältnifs derfelben zu dem Gefühlvermögen zu unferm Augenmerke, fo zeigt fich uns ohne alle Zweydeutigkeit das von mir

fchon

schon angedeutete und in seiner Art einzige Phänomen: daſs der Menſch in dem Maaſse an angenehmer Empfindung und Genuſſe einbüſst, in welchem er seine höchſten und edelſten Kräfte entwickelt.

Gemeiniglich will man dieſer, für den ſinnlichen Menſchen freylich abſchreckenden, Wahrheit dadurch ausweichen, daſs man den natürlichen und aus dem Bedürfniſſe unſrer Natur ſelbſt geſchöpften Begriff von Genuſs und Glückſeligkeit gewaltſam entſtellt, und eine Schilderung der Ruhe und Glückſeligkeit des Weiſen erkünſtelt, in welche man nur etwas tiefer einzudringen braucht, um einzuſehen, daſs ſie mehr eine Verbindlichkeit des Weiſen, vielem Genuſſe zu entſagen, mehr eine Pflicht, zu entbehren, und eine Faſſung zur Reſignation auf angenehme Empfindung ausdrückt, denn eine mit unſerm Naturtriebe verhältniſsmäſſig zuſammenſtimmende Menge ſtarker und ausgebreiteter angenehmer Gefühle. Die Glückſeligkeit, bloſs als ſolche, und ohne einſchränkende Bedingung betrachtet, beſteht in nichts andern, als in derjenigen Menge, Art, und Stärke der angenehmen Empfindungen in dem ganzen Daſeyn eines mit Gefühlvermögen begabten Weſens, wodurch ſeinen, aus ſeinen natürlichen Trieben entſpringenden, Anſprüchen auf Vergnügen Genüge geschieht. Und der ist unbezweifelt unter mehrern der Glückseligere, (d. h. der, dessen Zustand sich der Glückseligkeit am meisten nähert) welcher die gröfsere Menge ihm vorzüglich gefälliger und gehörig starker angenehmer Empfindungen geniefst. Hier möge man nun noch so wegwerfend von der Sinnlichkeit und den Freuden eines durch die Sinnlichkeit beherrschten Menschen reden; es ist doch unläugbar, dafs er, wenn die äufsern Umstände ihn begünstigen, und er die Quellen des Vergnügens mit gehöriger Feinheit zu suchen, den Quellen des Mifsvergnügens mit Vorsicht auszuweichen versteht, mehr im Bewufstseyn und Gefühle geniefst, denn der weise Mann im Zustande seines Entbehrens und seiner Resignation. Gleichgültigkeit und Ruhe sind weniger als Vergnügen, Vergnügen ist als solches sich in allen Arten gleich, aber stärkeres Vergnügen ist für den Trieb mehr werth, als schwächeres, ausgebreiteteres mehr, als eingeschränktes, und mehreres ist für ihn besser, als wenigeres.

Ich nenne diejenigen Kräfte des Menschen die edelsten, welche nicht für die blofse Befriedigung des thierischen Bedürfnisses wirken, deren Handlungen sich vielmehr auf Zwecke beziehen, welche an sich Würde besitzen, fitzen, oder doch mit folchen Zwecken zufammenhängen. Wahre, ohne alle weitere Beziehung geltende Würde hat eigentlich nur die fittliche Vernunft des Menfchen, Erkenntnifs- und Gefühlvermögen leiten die Würde, deren fie fähig find, von ihr ab.

Betrachten wir nun diefe Vermögen im Zuftande ihrer höhern Entwickelung, fo finden wir, dafs die Vernunft in Beziehung auf jedes ein Ideal entwirft, auf welches alle feine Thätigkeiten gerichtet feyn follen, welchem es fich aber ach! in wie wenig Graden nur, nähern kann.

Nur diefs dürfen wir zuvörderft im Allgemeinen bemerken, um fogleich zu folgern, dafs es mit der Einrichtung unfrer Natur auf Vergnügen und Genufs nicht abgefehen feyn kann. Zwar verurfacht nach dem Verhältniffe unfrer Vernunft und Phantafie zum Gefühlvermögen die Vorftellung eines Ideals an fich allezeit angenehme Empfindungen. Allein die Vorftellung eines Ideals, welches durch uns erreicht werden foll, und zu deffen Erreichung uns doch, allem Anfcheine nach, die verhältnifsmäfsigen Kräfte fehlen, diefe Vorftellung, in Beziehung auf uns gefafst, mufs uns unausbleiblich mit einer Menge unangenehmer Gefühle erfüllen, gegen

wel-

welche das Vergnügen der blofsen Vorftellung des Ideals an fich, nicht in Betrachtung kommt. Und fo ift es in der That. Mit der Entwickelung unfrer höhern Kräfte bekommen wir unwillkührlich die Richtung auf Ideen der höchften Vollendung, auf Ideale, und, wenn wir diefer Richtung nicht durch Leichtfinn entgegen wirken, fo werden wir in unferm Genuffe immerfort in dem Maafse eingefchränkt, in welchem wir fie mit redlichem Eifer, und mit der Wärme von Wefen, die ihre Würde fühlen, verfolgen. Dann verfehlen wir auch gewifs den tiefen Sinn jener Worte Pafkals nicht: *la mifere de l'homme fe conclut de fa grandeur, et fa grandeur fe conclut de fa mifere.*

An der Spitze gleichfam der fämmtlichen geiftigen Vermögen des Menfchen befindet fich die fittliche Vernunft, fie, durch die Natur felbft und die ganze urfprüngliche Einrichtung ihres Wefens, zur unumfchränkten Alleinherrfchaft über ihn authorifirt. Während der Trieb nach Glückfeligkeit unabläffig feine Anfprüche geltend zu machen fucht, und die Sinnlichkeit mit immer neue Reitzen den Menfchen zum üppigen Dienfte des Vergnügens zu gewöhnen ftrebt, fteht jene unwandelbar feft in ihrer Gefetzgebenden Würde, und gebietet ihm mit einem Ernfte, der kei-

keinen Nachlaſs kennt, ſich nur nach ihren
Geſetzen zu beſtimmen, und durch ſtrengen
Gehorſam gegen dieſelben Glückſeligkeit al-
lererſt zu verdienen. Je vertrauter ſich
der Menſch mit ihrer Geſetzgebung macht,
um ſo inniger wird er vom Gefühle ihrer Erhabenheit durchdrungen. Es iſt ſo unaus-
ſprechlich groſs, ſich unter der Oberherrſchaft einer Vernunft, die durch den Einfluſs
keiner irdiſchen Kraft von ihrer Reinheit und
ihrem Werthe verliert, frey zu wiſſen, eine
Unabhängigkeit ſeines Selbſt zu entdecken,
durch die es dem Kampfe gegen die mächtig-
ſten Leidenſchaften gewachſen, und einer
Oberherrſchaft über die Naturkräfte fähig iſt,
die es bald durch verführeriſche Schmeiche-
leyen, bald durch feindſelige Angriffe zu übermannen verſuchen. Welch ein bewunderns-
würdiges Weſen iſt ein Wille, welcher, in
der Mitte der Natur, dieſem Schauplatze einer allgemeinen Sklaverei, nur ſeine eigne
Triebkraft kennt, und während er ſich ſelbſt
Alles rings um ſich her dienſtbar machen
kann, keiner fremden Berührung, keiner
Bewegung von auſſen fähig iſt, ein Wille,
von dem allein es nur abhängt, durch Selbſt-
beſtimmung nach den Geſetzen der Vernunft
ſeinen Handlungen den Charakter einer reinen Güte zu ertheilen, und, einzig in der
gan-

ganzen Natur, durch einen unbedingten Werth und ein feiner felbft wegen gültiges Verdienft zu glänzen.

Reine Güte; Güte, unbefleckt von jeder felbftfüchtigen Regung, ift der geheiligte Gegenftand der ewigen Gebote der Vernunft, und das Bewufstfeyn deffelben ift mit dem Bewufstfeyn der Freyheit, der Kraft, ihn unter allen Umftänden zu realifiren, unabtrennbar verknüpft. Allein wie unwiderftehlich fich auch dem Menfchen diefe Ueberzeugung aufdringt, wenn er feine Denkkraft mit lauterm und innigem Intereffe auf die Betrachtung des moralifchen Gefetzes heftet, fo geräth er doch in Gefahr, fchwankend darin zu werden, fo bald er die Verhältniffe, unter denen er handelt, die Schwäche, mit welcher fich fo oft fein Wille gegen alle beffere Ueberzeugung beftimmt, und die Unbegreiflichkeit diefes ganzen Willens bedenkt. Wahr ift es, fein Wille ift unberührbar, unbeweglich für jede äuffere Kraft, möge man Alles durch phyfifche Macht erzwingen, nimmermehr doch ein Wollen; aber eben in feiner innern Freyheit, feiner unbedingten Selbftüberlaffenheit ift fich der Wille gewiffermafsen felbft furchtbar.

Ift er fich bewufst der Kraft zu allem Guten, fo ift er fich zugleich auch der Kraft zu allem Böfen bewufst, und obwohl er die Verbindlichkeit gegen das moralifche Geſetz nie verläugnen kann, fo weifs er doch, wie fo oft und fo leicht er, eben weil er frey ift, aller Einficht von Pflicht und Güte zuwider handelt, und fich felbft auf eine Weife zum Handeln beftimmt, die ihm räthfelhaft bleibt. Ja, was das niederfchlagendefte ift, in den meiften Fällen, wo er gut gehandelt zu haben glaubt, findet er, wenn er fchärfer über die Beweggründe feiner Handlung nachdenkt, dafs er fich felbft keine befriedigende Rechenfchaft darüber geben kann, ob nicht falfche Triebfedern zugleich Einflufs auf diefelbe gehabt haben, und wie viel diefer Einflufs betrage. Je öfterer er die befchämende Entdeckung macht, dafs ihn ein geheimes Intereffe des Eigennutzes und der Selbftliebe bei Handlungen geleitet hatte, die er mit der pünktlichften Ueberlegung unternahm, defto mehr befeftigt fich in ihm Mifstrauen gegen ihn felbft, und Geneigtheit, feine Zufriedenheit mit gewiffen Handlungen für Täufchung zu halten, und bey allem Anfcheine von Lauterkeit der moralifchen Triebfedern verborgene unächte Beweggründe zu vermuthen. Glaube man nicht, dafs mit der Entwickelung und Ausbildung der moralifchen Vernunft die Veranlaffung

fung und Stimmung zu diefem unruhvollen Mifstrauen abnehme; fie vergröfsert fich vielmehr unausbleiblich mit derfelben, und der gewiffenhaftefte Menfch ift jederzeit zugleich auch der, welcher am wenigften mit fich felbft zufrieden feyn kann; die Ruhe eines Menfchen fteht im umgekehrten Verhältniffe gegen die Feinheit feines Gewiffens.

Allem diefem zu Folge wird es nicht schwer feyn, den Ertrag von Glückfeligkeit zu berechnen, der mit der praktifchen Ausbildung der fittlichen Vernunft und der Schärfung des Gewiffens verknüpft ift. Je höher die Cultur eines Menfchen in diefer Hinficht geftiegen ift, defto mehr wird der Kreis feines Vergnügens eingefchränkt, und dafür die Summe feiner unangenehmen Empfindungen erweitert. Könnte der gute Menfch wenigftens in den meiften Fällen der Reinheit der Beweggründe feiner Handlungen ficher feyn, fo gewönne er mit dem Bewufstfeyn derfelben unausbleiblich an Vergnügen, und würde für die Aufopferung entfchädigt, welche das fittliche Gefetz fordert. Allein da er fich felbft bey feinen freyen Handlungen in den wichtigften Rückfichten räthfelhaft ift; da er fich vielleicht bei keiner einzigen derfelben durch uneingefchränkte Gewifsheit der Lauterkeit feiner Gefinnung befriedigen kann;

kann; da er immer mifstrauifcher gegen fich
felbſt werden mufs, je vertrauter er fich kennen lernt: fo find die Wachfamkeit, Pünkt-
lichkeit und Feinheit feines Gewiſſens nie ver-
fiegende Quellen von Leiden für ihn, Quellen von Leiden, welche in dem Mafse reicher und ergiebiger werden, als jene Eigenfchaften fich erhöhen. Zwar kann das Be-
wufstſeyn einer folchen Gewiſſenhaftigkeit,
und der Fähigkeit für Leiden diefer Art Urfache von angenehmen Empfindungen feyn,
allein diefe können in der That für nichts ge-
rechnet werden, im Verhältniſſe gegen jene
raſtlofe Unruhe, welche die Unentfchiedenheit wegen der moralifchen Güte der Handlungen dem gewiſſenhaften Menfchen zuzieht.

Weltweife, welche keinen höhern Gefichtspunkt als den der Glückfeligkeit für
den Menfchen kennen, werden hier einwenden: eine Gewiſſenhaftigkeit diefer Art, wie
ich fie bisher angenommen, ſey überfpannt
und phantaſtiſch, ja wohl gar für eine Gemüthskrankheit zu halten. Allein, wenn es
gewifs ift, dafs der Menfch durch die urfprüngliche Einrichtung feiner praktifchen Vernunft
beſtimmt wird, alle feine freyen Handlungen
der Beurtheilung nach den Gefetzen derfelben,
für fich allein, zu unterwerfen, fo mufs diefe Beurtheilung ohne Einfchränkung gelten,

und

und mit der äufserften Strenge auf jede Beſtimmung des Willens angewendet werden. So bald man annähme, man dürfe bey jener Beurtheilung fich eine Nachficht erlauben, würde man damit felbft die ganze verbindende Kraft der praktifchen Vernunftgefetze leugnen.

Tugendhaft ift nur derjenige, bey welchem das Beftreben, feinen Willen durchgängig nach an fich guten, d. h. allgemeingültigen, Maximen zu beftimmen, zur Fertigkeit geworden ift, und je ununterbrochener, ftärker, und reiner diefe Fertigkeit wirkt, um fo gröfser ift die Tugend eines Menfchen.

Kann es uns viele Mühe koften, zu berechnen, in wie fern diefe Tugend glücklich macht, d. h. Quelle angenehmer Empfindungen ift? — Wir müfsten fie ganz verkennen, wenn wir nicht zugeftünden, dafs der Tugendhafte durch feine Tugend einer beftändigen Unzufriedenheit mit fich felbft, einer raftlofen Unruhe Preifs gegeben ift, und dafs in dem Verhältniffe, in welchem feine Tugend wächft, Melancholie die herrfchende Stimmung feiner Seele wird. Oder foll Ruhe das Loos eines Wefens feyn können, welches fich unauflöfslich und ftreng durch die Vernunft zur reinften Güte verpflichtet weifs,

zu-

zugleich überzeugt feyn mufs, dafs es nach
feinen gegenwärtigen Verhältnifsen sich nur
in einem ganz unbedeutenden Grade feiner
grofsen Beftimmung nähern kann, und fühlt,
dafs es, bei allem feinem Ringen nach Lauterkeit des Herzens, beynahe in keinem Falle
der Reinheit feiner Beweggründe im Handeln
gewifs ilt? Nein, Tugend ift es nicht, was
uns in diefem Leben beglücken kann, und
wenn Vergnügen der höchfte Zweck unfrer
Natur wäre, fo könnte es dazu kein untaug-
licheres Mittel geben, als Tugend. Tugend
ift Kampf, dem kein Friede folgt; fie führt
— wenn nicht höhere Ueberzeugun-
gen den fchwachen Kämpfer unter-
ftützen — zur Verzweiflung an sich felbft.

Der Tugendhafte opfert unabläfsig auf,
und giebt sich eben dadurch Verdienft, und
Würdigkeit, glückfelig zu feyn. Kann er
sich der Forderung enthalten, dafs ein Wefen, würdig der Glückfeligkeit, auch glückfelig werde? Eine neue Quelle von Leiden
für ihn. Alle Ausficht zur verhältnifsmäfsigen Glückfeligkeit ift ihm in diefer Welt verfchloffen; die Natur lenkt ihren Lauf feiner
Güte halber nicht anders, und er felbft folgt
der Verpflichtung, dem Reize des Vergnügens nicht fklavifch nachzugeben, zu entbehren, und dadurch den Genufs zu verdienen.

So

So steht er denn da im Bewufstseyn seines edlen Bestrebens, mit dem lebendigen Interesse für die Gesetzgebung und Ordnung der moralischen Welt, und indem ihm die Erscheinungen der Welt rings um ihn her nirgends unzweydeutige Spuren eines Planes der Gerechtigkeit und Güte darbiethen, zittert er vor dem Augenblicke, wo er versucht seyn dürfte, alle Moralität, Pflicht und Gewissen für nichts mehr, als erhabene Träume zu halten.

Der Sklav der Selbstsucht ahndet die Leiden, welche mit Tugend verknüpft sind, sehr wohl. Nur defshalb biethet er alle Künste auf, wodurch die Sinnlichkeit, unter Leitung der Klugheit, herrschend gemacht werden kann, um sich gegen die Stimme der Vernunft zu betäuben, und sich Fühllosigkeit für Moralität und Religion zur andern Natur zu machen. Sein Indifferentism sey so schändlich als er wolle, er sichert ihm, bey der Verwilderung seines Herzens, Ruhe und Lebensgenufs, und wenn er ihn auf den höchsten Grad getrieben hat, so verursacht ihm noch die armselige Rolle, die der Mensch von Gewissen spielt, ein komisches Vergnügen. Wir müssen ihn verachten, aber doch zugestehn, dafs, wenn der Mensch der Glückseligkeit wegen Bewohner dieser Erde ward, sein Plan

sehr

sehr zweckmäsig ist, dafs er vermittelst desselben, wenn ihn Natur und Schicksal begünstigen, und seine Verstockung alle Selbstscham unmöglich macht, innerhalb der Grenzen des Lebens des gröfsten möglichen Glückes theilhaftig wird.

Ja fürwahr, wenn der Zweck des Menschen für den Aufenthalt auf diesem Planeten, nichts höheres, als angenehme Ruhe und Lebensgenufs ist, so müssen redliche Väter und Erzieher ihren Kindern und Pfleglingen zurufen: „Die ihr noch gleichsam am Eingan„ge einer zweydeutigen und betrügerischen „Laufbahn steht, und erst den Plan noch zu „entwerfen habt, um eure Bestimmung zu „erreichen, lafst euch nicht durch die glei„senden Vorspiegelungen einer sogenannten „Würde des Menschen täuschen! Nein, wenn „ihr glücklich werden wollt, so erstickt in ih„rem ersten Aufregen alle jene Keime, wel„che phantastische Geister die edlen nennen! „Drückt jene Vernunft nieder, die in der „Sphäre des Wollens und Handelns euch Ge„setze vorschreibt, euch auf Ideale richtet, „die ihr nie erreicht, im Gebiethe des Wis„sens euch zu gränzenloser Erweiterung eu„rer Erkenntnisse anspornt, indem sie euch „zugleich Schranken zeigt, die ihr mit aller „eurer Denkkraft nicht durchbrechen wer-

„det! Ertödtet jene Phantafie, die mit den
„Bildern des Möglichen, des Vergangenen
„und Künftigen ein Spiel treibt, welches
„nicht immer mit eurer Ruhe harmonirt!
„Stumpft euer Gefühlvermögen ab, welches
„im Einverftändniffe mit der Vernunft euch
„taufend Leiden bereitet! Kurz, das Ziel eu-
„rer Cultur fey die glückliche Stimmung ei-
„nes klugen Thieres, welches feine Lebens-
„bedürfniffe und Triebe vollkommen befrie-
„digt, ohne Gefahr zu laufen, durch foge-
„nannte höhere Bedürfniffe von feiner Glück-
„feligkeit einzubüfsen!"

Solche Väter und Erzieher würden, unter Vorausfetzung der Glückfeligkeit als oberften Zweckes, fehr konfequent rathen.
Freylich riethen fie eigentlich ihren Kindern
und Pfleglingen nichts anders, als, nur keine
Menfchen zu werden. Aber giebt es denn
Menfchen, wenn Ruhe und Lebensgenufs
der Endzweck diefer Thierart ift. — —

Doch ich habe mich zu weit von dem eigentlichen Zielpunkte meiner Betrachtung entfernt, und vielleicht dem Reize zu fehr nach-
gegeben, welchen Lieblingsideen für unfern
Kopf und unfer Herz haben.

Die

Die Idee, von welcher ich ausgieng, war: Der Menfch mufs, um fich gegen die Leiden des Lebens in Faffung zu fetzen, zuvörderft im Innern feiner Seele Friede ftiften; diefs gelingt ihm nur durch Religion, und Ueberzeugung von der Uebereinftimmung alles Uebels mit dem Endzwecke der Menfchheit.

Die Naturbetrachtung giebt uns über diefe Harmonie des unleugbar dafeyenden Uebels mit der Beftimmung des Menfchen keine Aufklärung, verwickelt uns vielmehr, wenn wir uns an fie allein halten, in troftlofe Zweifel. Und fo fragt es fich denn, welchen Standpunkt der Menfch faffen müffe, um fich von jener Harmonie zu feiner Befriedigung zu überzeugen?

Es kommt hierbey, wie man fieht, auf nichts anders an, als eine Glaubenswahrheit, und zwey Thatfachen zur vollkommnen Befriedigung der Vernunft zu vereinbaren; die Glaubenswahrheit ift die vom Dafeyn eines Gottes, die Thatfachen find: Der Endzweck des Menfchen, als eines moralifch-freyen Wefens, und die zufällige Vertheilung von Glückfeligkeit und Leiden in der wirklichen Welt. Gott wird als Urgrund aller fittlichen Ordnung, als heiliger und gerechter Schöpfer und Regierer gedacht, als Endzweck des Men-

Menschen, als eines moralisch-freyen Wesens, das höchste Ziel anerkannt, auf welches die Bestrebungen seiner Freyheit gerichtet seyn sollen; dieses Ziel rührt von einem Gotte her, und das Problem, welches wir zu lösen haben, läfst sich vielleicht am bestimmtesten so ausdrücken: **Wie läfst sich aus dem Plane Gottes für die Menschheit, wiefern ihn die Idee des Endzweckes derselben ankündigt, die zufällige Vertheilung von Glückseligkeit und Elend in der wirklichen Welt begreiflich machen?**

Allein, ist diefs nicht, dürfte man einwenden, eine vermessene Frage, mit der man die Grenzen der Befugnifs und der Kraft der Vernunft überschreitet? Heifst diefs nicht, in die unzugänglichen und ewig verschlossenen Geheimnisse der Weltregierung eindringen wollen? — Ich ward durch diesen Einwurf nicht überrascht, als ihn mir der Beurtheiler meiner Betrachtungen über die Philosophie der natürlichen Religion in der allgemeinen Litteraturzeitung entgegen setzte. Denn er dringt sich wohl einem denkenden und dabey zur Vorsicht gestimmten Kopfe auf, und ich war in der That schon damals auf ihn gefafst, als ich diejenigen Ideen, die ich jetzt in einer weitern Beziehung aufstelle, in jenem

nem Werke, fo wie es die Grenzen deffelben zuließen, entwarf. Schon damals hatte ich mir die Fragen vorgelegt, von deren Beantwortung die Entfcheidung abhängt, und unterfucht: 1) ob überhaupt eine Nothwendigkeit Statt finde, dafs der moralifche Menfch über die Vereinbarung der zufälligen Vertheilung von Glückfeligkeit und Elend in der wirklichen Welt, mit dem Plan Gottes für die Menfchheit, einig mit ihm felbft werde; 2) ob es fich vor der Vernunft rechtfertigen laffe, dafs man, bey der Unmöglichkeit, über diefen Gegenftand eine Demonftration zu führen, diejenige Vorftellung eines möglichen Zufammenhangs, welche den moralifchen Menfchen befriedigt, zum Gegenftande des Glaubens mache; 3) Ob man eine folche Vorftellungsart mit dem Beynahmen des Vermeffenen und Schwärmerifchen belegen könne. Das Refultat meiner Unterfuchung war folgendes, und fteht für mich gegenwärtig noch eben fo feft, als damals.

I. Die Entfcheidung ift unftreitig für die Selbfteinigkeit des moralifchen Menfchen nothwendig. Sähe derfelbe die Unmöglichkeit ein, die zufällige Vertheilung von Glückfeligkeit und Elend in der Welt mit der Idee eines moralifchen Planes für die Menfchheit zu vereinbaren, oder fän-

de er doch gar keine Möglichkeit, sich
eine solche Zusammenstimmung begreiflich zu machen, so könnte er eben so wenig in einer festen Treue für Gesetz und
Pflicht beharren, als einen ununterbro-
chenen Glauben an die Gottheit unterhalten. Da nun aber, wie man zuge-
steht, diess eine in seiner Natur unauf-
heblich gegründete Nothwendigkeit ist,
so ist auch für ihn das Bestreben nothwendig, einen Gesichtspunkt zu gewinnen, aus welchem er sich begreiflich machen könne, warum Glückseligkeit und
Elend nach der Bestimmung der Menschheit, in der Periode unsers Daseyns auf
diesem Planeten, so und nicht anders ver-
theilt seyn mussten.

II. Dass sich über den Zusammenhang der
zufälligen Vertheilung von Glückseligkeit und Elend auf dieser Erde mit dem
moralischen Plane Gottes für die Menschheit keine Demonstration führen
lässt, ist eben so leicht aus der Natur unsers Erkenntnissvermögens einzusehen,
als, dass überhaupt kein solcher Erweis
für das Daseyn Gottes selbst möglich ist.
Wenn denn aber doch Entscheidung
nothwendig ist, wenn sich allerdings
mehrere widerspruchsfreye Vorstellungen

gen eines möglichen Zufammenhangs bilden laſſen, und unter allen andern, die man erdenken könnte, eine allein die Vernunft ganz befriedigt; fo hängt es nicht von unfrer Willkühr ab, ob wir ihr beyflichten wollen, oder nicht; fie wird vielmehr, ohne unfer Zuthun, Gegenftand unfers Glaubens, und fchliefst fich unabtrennlich an unfre Ueberzeugung von den Grundwahrheiten aller Religion an *).

III.

*) Sie ift nicht etwa blofs eine Meynung, fondern Glaube im vollen Sinne des Wortes. Eine Meynung kann zur Bekräftigung und Belebung meines moralifchen Bewufstfeyns beytragen; aber fie ift nicht zu meiner Einigkeit mit mir felbft in Beziehung auf den Endzweck meines Dafeyns nothwendig. So darf ich meynen, dafs ich Perfonen, mit denen ich durch edle Liebe in diefer Welt verbunden war, nach dem Tode auf irgend eine Weife wieder treffe, und diefe Meynung ift fehr vernünftig, und nicht ohne Einflufs auf meine moralifche Cultur; allein Glaube ift fie nicht, und kann es nicht werden. Glaube findet nur bey einem Satze ftatt, ohne welchen ich, als moralifches Wefen, vernünftiger Weife meinen Endzweck nicht bejahen könnte. So wie diefs nun der Fall ift in Beziehung auf die Sätze vom Dafeyn Gottes und die Unfterblichkeit der Seele,

III. Vermeffen kann man eine folche Vorftellungsart weder in objektiver noch in fubjektiver Rückficht nennen. Vermeffen ift ein (vorgebliches) Wiffen, womit ich alle Grenzen der Erkennbarkeit überfliege; Vermeffen ift ein Glaube, bey welchem ich Sätze, als Bedingungen meiner Selbfteinigkeit annehme, welche es gar nicht find. Für ein Wiffen wird jene Vorftellungsart gar nicht ausgegeben; als Gegenftand des Glaubens aber wird fie nur in fo fern aufgeftellt, als wirklich ohne fie Selbfteinigkeit des Menfchen über feine moralifche Beftimmung nicht möglich ift.

Nach diefer Rechtfertigung fchreite ich zur Beantwortung der Frage felbft.

Die Frage, worin die Beftimmung des Menfchen als moralifchen Wefens beftehe, befafst, wenn wir fie vollftändig denken, zwey Fragen: 1) die: auf welches Ziel foll fich die Freyheit des Menfchen in allen ihren

Beftre-

le, fo gilt es auch von der Vereinbarung der Vertheilung von Glückfeligkeit und Elend in der wirklichen Welt mit dem moralifchen Plane Gottes für die Menfchheit.

Beſtrebungen richten, um es durch ſich ſelbſt zu erreichen, oder ſich ihm doch zu nähern? 2) die: welchen Zuſtand und welches Schickſal muſs der Menſch für ſich als ein der Glückſeligkeit bedürftiges Weſen in einer moraliſchen Ordnung der Dinge für nothwendig erklären, wiefern er das Ziel ſeiner Freyheit durch ſeine Freyheit erreicht, oder ſich ihm nähert? Die erſte Frage iſt unfehlbar diejenige, über welche der Menſch vor jeder andern mit ſich ſelbſt einig ſeyn muſs.

Das Ziel für alle Beſtrebungen unſrer moraliſchen Freyheit iſt von den Bedürfniſſen unſrer ſinnlichen Natur ganz unabhängig und hängt an ſich mit dem Zwecke der Glückſeligkeit nicht zuſammen. Jenes Ziel iſt kein anderes, als vollkommene Uebereinſtimmung mit den Geſetzen der reinen praktiſchen Vernunft, ihrer ſelbſt wegen, vollkommen reine und in allem Wollen herrſchende ſittliche Güte der Geſinnung. Dieſe Eigenſchaft kann den Menſchen von keinem andern Weſen, ſelbſt von der Gottheit nicht verliehen werden, er muſs ſich ſie durch ſein freyes Beſtreben ſelbſt geben. Sieht er im Bewuſstſeyn der Endlichkeit ſeiner Natur ein, daſs er ihrer, nach ihrem ganzen Umfang, in keinem Zeitpunkte ſeines Daſeyns vollkommen und uneingeſchränkt fähig ſeyn wird, ſo betrachtet

tet er fic als ein Ideal, auf welches er unablä(sig hinftreben foll, gleichfam als ob er es wirklich irgend einmahl ganz erreichen könnte. Um aber nach diefem Ideale mit der demfelben angemeffenen Gefinnung zu ftreben, mufs er der Herrfchfucht des Triebes nach Vergnügen und Glückfeligkeit mächtig entgegen arbeiten, mufs fich die Faffung geben, bey der Beftimmung feines Willens zum Handeln jede eigennützige Rückficht zu unterdrücken, und feine immer rege Beeiferung um eine fo lautere Gefinnung macht allein die Würde feines Dafeyns aus. Je ftärker die Hinderniffe find, mit denen er kämpfen mufs, um fo verdienftlicher ift fein Beftreben, und um fo mehr gewinnt er an ächter moralifcher Cultur.

(Die Fortfetzung folgt im nächften Bande.)

III.

III.

Skizze einer philofophifchen Theorie der bildenden Kunft, als eine fpezielle Anwendung der in der erften Abhandlung des zweyten Theils enthaltenen Grundfätze.

Die Theorie der fchönen Kunft hat von jeher das Schickfal gehabt, der Verachtung oder doch wenigftens der Geringfchäzzung grofser Genieen und geiftreicher Liebhaber ausgefetzt zu feyn. Der Hauptgrund liegt unftreitig in ihr felbft. Leiftete fie, was ihre Urheber oft in fo hoch tönenden Verfprechungen ankündigen, böte fie dem Genie und dem Gefchmacke fefte Prinzipien dar, wodurch im Gebiethe des Schönen eine Harmonie entftünde, wie wir fie in der Sphäre des Wahren und Guten beabfichtigen, entwickelte fie nur folche Regeln, welche das höchfte Intereffe des Künftlers begünftigen, feine Freyheit nicht einfchränken, fondern nur die möglichft fchöne Aeufferung derfelben befördern, und ihm dem Ideale von Vollendung näher führen, auf welches er durch feine urfprünglichen Anlagen felbft gerichtet ift; fo würde fie felbft von denjenigen verehrt werden, welchen die Natur die glücklichften Anlagen

lagen verliehen hat, um felbft Meifterwerke hervorzubringen.

Die allgemeine Theorie der fchönen Kunft hat, wie ich bereits in der I. Abhandl. des 2ten Theils gezeigt habe, ein gedoppeltes Gefchäft: 1) zu zeigen, was der Künftler leiften könne; 2) zu beftimmen, was er leiften folle; fie zerfällt alfo ihrem wefentlichen Inhalte nach in zwey Haupttheile, deren erften ich die Naturkunde des Genies für die fchöne Kunft, den zweyten die Teleologie des Genies für fchöne Kunft nenne.

Die befondere (philofophifche) Theorie der fchönen bildenden Kunft kann und mufs, wie mir fcheint, nach derfelben Eintheilung behandelt werden.

Die Naturkunde des Genies für alle und demnach auch für bildende Kunft ftützt fich: 1) auf Betrachtung und Zergliederung der Eigenfchaften von vorhandenen klaffifchen Werken des Genies; 2) auf Pfychologie, vorzüglich Theorie des Begehrungs- und Gefühlsvermögens, und Critik der äfthetifchen Urtheilskraft. Derjenige alfo, welcher fie gründlich und zweckmäfsig bearbeiten foll, mufs zugleich eine ausgebreitete

tete Bekanntschaft mit den Werken der Kunst selbst besitzen, und in inniger Vertrautheit mit mehrern Theilen der Philosophie stehen. Nur weil beyde Erfordernisse so schwer zu vereinigen sind, bleiben gute Theoristen des Geschmacks auch in unsern lichtvollen Zeiten immer noch seltne Erscheinungen, und wir haben vielleicht mehr Hoffnung, zehn Winkelmann wieder zu bekommen, ehe wieder ein Lessing hervortritt.

Die Naturkunde des Genies hat folgende Untersuchungen zu ihrem wesentlichen Gegenstande:

I. **Theorie der Schönheit im allgemeinen,** Wesen der schönen Kunst, oberster Grundsatz aller schönen Kunst;

II. **Theorie des Genies,** psychologische Entwickelung aller Kräfte, welche wesentlich dazu gehören;

III. **Natur der einzelnen schönen Künste im Besondern;** Modifikation des Begriffs der Schönheit in jeder, Eigenthümlichkeiten des Genies;

IV. **Theorie der Originalität in der schönen Kunst im Allgemeinen** und

Befondern. Schon in der Theorie des Genies mufs gezeigt worden feyn, dafs Originalität wefentlich zum Genie gehört; in diefem Abfchnitte wird die Natur der Originalität für alle und jede Kunft, die Originalität, in Stoffen, Planen und Formen der Bezeichnung näher beftimmt, und die Kriterien angegeben, durch welche man jene Eigenthümlichkeiten anerkennt, welche den wahrhaft originellen Künftlergeift charakterifiren*).

V. Theorie und Claffifikation derjenigen Stoffe, welche vorzüglich fchöner Kunftdarftellung fähig find. Theorie des Intereffanten in Verknüpfung mit der Schönheit der Form. Hier wird die Natur des Erhabenen, Grofsen, Starken, Rührenden, Naiven, Komifchen u. f. w. in Beziehung auf alle und jede einzelne Kunft unterfucht.

VI.

*) Diefes ift vielleicht der fchwerfte Theil der ganzen Theorie der Künfte, ein Theil, den beynahe nur Künftler felbft gehörig bearbeiten können, welche die Gabe der Originalität in hohem Grade befitzen.

VI. Theorie der nothwendigen Regelmäfsigkeit in Werken fchöner Kunft; zu ihr gehören die Grundfätze über Einheit, Harmonie, Stetigkeit, Verhältnifsmäfsigkeit, Umfang u. f. w. ebenfalls nicht blofs im Allgemeinen, fondern auch in Beziehung auf jede einzelne Kunft dargeftellt.

Man kann fich felbft vorftellen, wie in einer befondern philofophifchen Theorie der bildenden Kunft alle diefe Unterfuchungen fpezialifirt werden, zugleich aber auch, wie innig jene befondre Theorie mit der allgemeinen Theorie alles Kunftfchönen zufammen hängt. Die in jener Theorie enthaltene Naturkunde des Genies für fchöne bildende Kunft ift nichts anders, als eine Erklärung der Eigenfchaften der Produkte diefes Genies, aus denen diefem Genie wefentlich eigenen körperlichen und geiftigen Anlagen. Erkenntnifsquellen diefer Naturkunde find: Betrachtung der klaffifchen Werke der bildenden Kunft felbft*), von den Theilen der Philofophie, vorzüglich Sittenlehre, und Kritik der äfthetifchen Urtheilskraft. Der Plan für

---

*) Diefe Betrachtung erfordert eben fo gewifs Kenntnifs des Mechanifchen einer jeden bildenden Kunft, als Dichter-Lektüre, Sprachkunde.

für diefe Naturkunde wäre, wie' mir fcheint, folgendermaßen paffend angelegt:

I. **Wefen aller fchönen bildenden Kunft, Grundfatz, welcher alle charakteriftifche Züge davon in fich vereinigt.** Unbedingte Nachahmung der fchönen Natur kann nicht oberftes Prinzip für die bildende Kunft feyn. Da bey jedem ihrer Werke das Genie lediglich für den Gefchmack fchafft und bildet, fo fordert auch diefer, dafs in dem Werke des Genies nichts erfcheine, was ihm gleichgültig oder wohl gar widrig fey, fordert, dafs das Werk alle die Eigenfchaften befitze, welche fich vereinigen müffen, um dem menfchlichen Geifte den höchften, vollendetften, reinften Schönheitsgenufs zu gewähren, welcher durch Form und Geftalt, als freie Produkte menfchlicher Erfindung und Einbildungskraft, für menfchliche Geifter bewirkt werden kann. Der Gefchmack kann die Theile der wirklichen Natur nicht als zunächft für das durch ihn mögliche Vergnügen gebildet betrachten; allein jedes Werk fchöner bildender Kunft kann und mufs er aus diefem Gefichtspunkte anfehen. Er fordert alfo von dem Genie mehr als von der Natur, und

aus

aus dieser gerechten Forderung des Geschmacks entspringt der oberste Grundsatz für alle schöne bildende Kunst, ein Grundsatz, welcher nichts anders ausdrücken kann, als: **Bildung von sichtbaren Formen für den höchsten, vollendetsten und reinsten Schönheitsgenuss**, dessen der Mensch bey der gröfsten möglichen Vervollkommnung seiner zum Genufs des Schönen zusammenwirkenden Vermögen fähig ist; Bildung von sichtbaren Formen, wie sie die Natur selbst hätte bilden müssen, wenn Befriedigung des Geschmacks des Menschen durch ihre Gestalten ihr ausschliefslicher Zweck gewesen wäre.

II. Zergliederung des Genies zu aller schönen bildenden Kunst, Entwickelung derjenigen Kräfte, Mischungen und Verhältnisse von Kräften, welche zu Hervorbringung von Werken derselben zusammenwirken müssen. Der Geschmack ist selbst unter diesen Kräften begriffen, ich meyne den Geschmack, als das ursprüngliche Vermögen über das Schöne zu urtheilen; ohne ihn kann Genie

nie zur fchönen bildenden Kunft gar nicht gedacht werden.

III. **Eintheilung der fchönen bildenden Kunft** 1) nach den Gegenftänden, die fie ihrem Prinzip gemäfs darftellen kann, Aufftellung der oberften Prinzipien für jede Art von Werken; 2) nach der verfchiedenen Art und Weife, wie die Formen diefer Gegenftände nachgeahmt werden können; Aufftellung der oberften Prinzipien für jede befondre Art bildender Kunft in diefer Hinficht.

In der erften Hinficht theilt man die fchöne bildende Kunft in: *a*) Darftellung von freyen Schönheiten der Natur; als α) Nachbildung von Landfchaften*); β) Nachbildung von Blumen**); *b*) Darftellung von fchönen For-

*) Zu den Landfchaften rechne ich auch die Seeftücken (*marines*) (diejenigen ausgenommen, welche blofs Werke mechanifcher Kunft für die Schiffarth darftellen, und gar nicht zur fchönen Kunft gehören.

**) Hierzu kann man auch die Darftellung fchöner Pflanzen, Bäume und Früchte rechnen.

Formen, deren Beurtheilung und Wirkung auf das Gefühl durch Ideen beftimmt ift; α) Menfchendarftellung in ℵ) Portraits, ℶ) ganzen Figuren, ג) hiftorifchen Stücken; β, Darftellung intellektueller, moralifcher, hyperphyfifcher Begriffe in fchönen Formen; Allegorie.

In der zweyten Hinficht ift die fchöne bildende Kunft: *a*) plaftifche Kunft; Nachformung eines körperlichen Gegenftandes im Ganzen, nicht blofs, wie er in beftimmter Anficht dem Auge erfcheint, fondern, wie er an fich finnlich da ift; *b*) zeichnende Kunft, fo nenne ich die Nachahmung der Erfcheinung körperlicher Gegenftände für das Geficht unter einem beftimmten Gefichtspunkte auf ebenen Flächen.

Die plaftifche Kunft theilt fich in mehrere Gattungen, je nachdem fie für ihre Nachformung befondere Stoffe wählt, und befondre Methoden einfchlägt, fie zu behandeln: Bildhauerkunft, Stuckaturkunft, Boffirkunft, Schnitzkunft u. a.

Die zeichnende Kunft theilt fich in zwey Hauptgattungen: *a*) die Zeichenkunft in engerer Bedeutung, die fich nur willkührlich gewählter Farben zur Darftellung

lung der Objekte bedient, nur Umriſs und Figur des Ausgedehnten nach Licht und Schatten darſtellt; *b*) die Malerkunſt, welche die Gegenſtände, mit den Farben, die ſie in der Natur haben, darſtellt. Zur Zeichenkunſt in engerer Bedeutung gehört dem innern Weſen ihrer Werke nach, auch die Gravur.

Das Summum äſthetiſch vollkommener Darſtellung für jede dieſer Arten bildender Kunſt läſst ſich in einer präciſen Formel ausdrücken, welche in einer wiſſenſchaftlichen Theorie der ſchönen bildenden Kunſt an der Spitze der Unterſuchung einer jeden ſtehen muſs. Da ich hier nur die Skizze einer Theorie vorzeichne, ſo liegt es auſſer meinem Plane, alle dieſe Grundſätze zu entwickeln und zu erweiſen.

IV. Entwickelung der weſentlichen Beſtandtheile des Genies zu jeder Art ſchöner bildender Kunſt; Genie des Landſchafters, Blumenmalers, Portraitmalers, Hiſtorienmalers, Zeichners, Gravörs, Malers. — Hiermit wird eine Lücke der bisherigen Theorien ausgefüllt, in denen man nur von den allgemeinen Erforderniſſen des Genies für alle
le

le fchöne bildende Kunft handelt, aber entweder gar nicht oder zu flüchrig von denjenigen Anlagen redet, welche dem Genie zu befondern Arten derfelben eigenthümlich find*).

V. **Theorie der Originalität in Werken der fchönen bildenden Kunft.** Auch für das Genie zu diefer ift Originalität eines der wefentlichften Erforderniffe; fie findet Statt in jeder Klaffe und Art von Werken **), findet Statt in jeder Parthie der bildenden Kunft von der

*) Ich bin überzeugt, dafs zu einem grofsen Kupferftecher keinesweges blofs eine urfprüngliche Anlage zur mechanifchen Fertigkeit, fondern auch eine gewiffe eigene Vollkommenheit der Einbildungs- und Dichtungskraft gehört, welche fich durch kein Studium erlernen, durch keine Uebung gewinnen läfst.

**) Am meiften macht fich die Originalität geltend in den zeichnenden Künften, weniger in den plaftifchen, unter jenen vorzüglich in der Malerei. — Unter den Arten der Werke ift am wenigften der Originalität fähig das Blumenftück, in fehr hohem Grade aber die Landfchaft; unter denen, welche menfchliche Figuren darftellen, am wenigften das Portrait, im höhern Grade das hiftorifche Werk, im höchften das allegorifche.

der Erfindung bis zur Colorirung und dem Helldunkel*). Sie ist dasjenige, was die Hand des Meisters von Genie charakterisirt, und diese jederzeit von der auch noch so glücklichen Hand eines talentvollen Kopisten unterscheidet. Sie kann durch Regeln nicht erworben werden, alle Philosophie und Kritik des Geschmacks kann blofs die Criterien ihres Daseyns und ihrer Wirkungen auf das Gefühl entwickeln.

Die Kenntnifs der malerischen Schulen ist eine reichhaltige Quelle für die Theorie der Originalität, wiefern nämlich Meister derselben sich durch diese grofse Naturgabe ausgezeichnet haben.

VI.

*) Natürlich findet Originalität in einer Parthie um so mehr Statt, je mehr sie von der Freyheit der Einbildungskraft abhängt, je weniger sie durch unveränderliche Gesetze fixirt ist. In der Erfindung kann diesemnach die höchste Originalität liegen, nächst jener die meiste im Ausdruck; im geringern Grade schon ist ihrer fähig die Anordnung, im allergeringsten die Zeichnung. Eine vorzügliche Originalität kann zukommen der Farbe und dem Helldunkel; in Hinsicht welches leztern vorzüglich die freie Einbildungskraft, unbeschadet der Naturgesetze, magische Wirkungen hervorbringen kann.

VI. Das Genie in feiner Originalität beabfichtigt reine Schönheit, bleibende, fich erneuernde, gleichfam immer wieder belebende Schönheit. Es ift alfo feinem eigenen Intereffe angemeffen, jenem Zwecke gemäfs feine **Stoffe** zu faffen, feine **Anordnungen**, feine **Ausdrükke** zu bilden, feine **Bezeichnung** auszuführen. Weit entfernt, dafs es dadurch feiner Originalität fchaden follte, macht es vielmehr dadurch diefelbe nur glänzender geltend. Die Naturkunde des Genies für bildende Kunft ftellt alfo auf:

1) Grundfätze für die Wahl der Stoffe zur Vereinigung des Intereffanten mit dem Schönen *).

2) Grundfätze für die Anordnung **).

3) Grund-

*) Hieher gehört, Betrachtung des Erhabenen, Grofsen, Starken, Kraftvollen, Schrecklichen, Graufenerregenden, Feyerlichen, Edlen, Sanften, Rührenden, Liebreitzenden, Naiven, Komifchen u. f. w. in befonderer Beziehung auf bildende Kunft, nach den verfchiedenen Arten ihrer Werke durchgeführt.

**) Betrachtung der Einheit, Harmonie, Verkettung, Uebergänge, Natürlichkeit, Leich-

3) Grundſätze für den **Ausdruck.**

4) Grundſätze für die **Bezeichnung und Ausführung***).

Dieſe Grundſätze entſpringen aus der Natur und dem höchſten Intereſſe des Kunſtgenies ſelbſt, welches ſie auch, wenn ſeiner Entwickelung keine zufälligen Hinderniſſe in den Weg gelegt werden, ohne Anleitung von ſelbſt findet.

VII. Der **Styl** in Werken der bildenden Kunſt beruht auf der Uebereinſtimmung der Anordnung, des Ausdrucks und der Bezeichnung mit dem Charakter des Stoffes. Die Naturkunde des Genies für bildende Kunſt endigt, mit der **Theorie des Styls,** nach ſeinen verſchiedenen Arten.

Der menſchliche Geiſt kann ſich durch die bloſse Naturkunde des Genies zur ſchönen Kunſt

Leichtigkeit, Mannigfaltigkeit, Kontraſtierung, Kühnheit u. ſ. w. in der Stellung der Theile eines künſtleriſchen Ganzen.

*) Betrachtung der **Wahrheit, Richtigkeit, Beſtimmtheit, Reinheit, Leichtheit, Manier, Behandlung** u. ſ. w.

Kunſt nicht befriedigen. So wie er durch die ihm eingepflanzte Vernunft gezwungen iſt, alle freye Wirkungen menſchlicher Vermögen zu beziehen auf Würde und Endzweck der Menſchheit, ſo kann er auch nicht umhin, die Thätigkeiten und Produkte des Genies für ſchöne Kunſt aus dieſem Geſichtspunkte zu faſſen. Er fragt alſo, worin die höchſte Bildung und Veredlung des Kunſtgenies beſtehe, wenn man ſeine Werke und den Einfluſs derſelben auf die Menſchheit, in Hinſicht der Würde und des Endzwecks derſelben betrachtet. Die Beantwortung dieſer Frage liefert der zweyte Theil der philoſophiſchen Theorie der ſchönen Kunſt: ich nenne ihn Teleologie des Genies für die ſchöne Kunſt.

Die Teleologie des Genies betrachtet den Menſchen nicht bloſs mit entwickeltem Gefühle und Geſchmack für das Schöne, ſondern auch als ausgebildet von Seiten ſeiner übrigen höheren Vermögen. Einem Menſchen, welcher auf dieſer Stufe der Veredlung ſteht, genügt das bloſse Schöne nicht, er will in der Form deſſelben immer nur das Gute und Wahre ſehen.

Die Teleologie des Genies hat einen oberſten Grundſatz, und mir ſcheint, es könne kein andrer ſeyn, als der: **Darſtellung des Guten und Wahren in der Form der höchſten und reinſten Schönheit, welche Kunſt nur irgend gewähren kann.**

Die philoſophiſche Theorie der ſchönen bildenden Kunſt hat, wie jede andre ſchöne Kunſt, ihre eigenthümliche Teleologie, welche den eben angeführten Grundſatz auf die Werke des Genies zur bildenden Kunſt bezieht, und durch dieſe Beziehung zeigt, **wie ſich das wahre Genie für ſchöne bildende Kunſt vervollkommnen, wie es ſeine Anlagen anwenden und äuſſern ſolle, um ein höchſtes Schönes hervorzubringen, welches zugleich alle edlere Kräfte des Menſchen intereſſire, und für die Menſchheit nicht bloſs Mittel des Genuſſes, ſondern auch der Cultur ſey.**

Die Teleologie des Genies für ſchöne bildende Kunſt zeigt dieſes nicht bloſs im Allgemeinen, ſondern im Beſondern in Beziehung auf alle Arten ſchöner bildender Kunſt. Und

Und da das Maximum von Schönheit in Werken bildender Kunft auf der Befchaffenheit des Stoffes, der Anordnung, dem Ausdrukke, der Bezeichnung und Ausführung zugleich entfpringt, fo mufs fie fich über alle diefe Partien der fchönen bildenden Kunft bey der Aufftellung ihrer Regeln verbreiten.

Die Teleologie des Genies enthält die Grundfätze der wahren Gefchmacksbildung. Nach Kant, welcher den Gefchmack blofs als Vermögen durch die blofse Form unmittelbar zu urtheilen annimmt, find es Regeln der Vereinbarung des Gefchmacks mit der Vernunft. Mir fcheint, dafs die Bildung des Gefchmacks in gar nichts anderm als diefer Vereinbarung beftehe.

Es zeigt fich hier, was dem unpartheyifchen Forfcher überhaupt nicht entgehen, und nur von denen geleugnet werden kann, welche fich in den ächten Refultaten der Kritik der äfthetifchen Urtheilskraft jenes Weltweifen für die fchöne Kunft betrügen, dafs es keinen Begriff des Gefchmacks giebt, welcher fich in gleicher Bedeutung auf Beurtheilung freyer Naturfchönheiten und Kunftfchönheiten beziehen liefse. Der Gefchmack

fchmack für freye Schönheiten der fichtbaren Natur ift von Begriffen unabhängig; allein der Gefchmack für die Werke fchöner bildender Kunft, wird in feinen Urtheilen allezeit durch Begriffe und Ideen des höchften, vollendet reinen Schönen geleitet, welches durch die Darftellungen derfelben möglich ift.

Die Anlage zu dem Gefchmacke in diefem Sinne gehört unftreitig wefentlich mit zum wahren Genie für fchöne bildende Kunft, und wenn ein Meifter von diefem Genie gefchmacklos bleibt, fo ift diefs nicht die Folge des Mangels jener Anlage, fondern der vernachläffigten Bildung derfelben. Cultur des Genies zu einer den Gefchmack befriedigenden Art zu arbeiten, koftet Achtfamkeit, Anftrengung und manches harte Opfer, welches befonders Köpfe von feuriger Phantafie und origineller Erfindungskraft ungern bringen. „Der Gefchmack, fagt der Verfaffer der Kritik der äfthetifchen Urtheilskraft: „ift die Difciplin des Genies, „befchneidet diefem die Flügel, und macht „es gefittet, zugleich aber giebt es diefem „eine Leitung, worüber und bis wie weit es „fich verbreiten foll, um zweckmäfsig zu „bleiben, und, indem er Klarheit und Ord„nung in die Gedankenfülle hineinbringt,

„fo

„ſo macht er die Ideen haltbar, eines dau-
„ernden, zugleich auch allgemeinen Bey-
„falls, der Nachfolge andrer und einer im-
„mer fortſchreitenden Cultur fähig. Wenn
„im Widerſtreite des Genies und des Ge-
„ſchmacks an einem Produkte etwas aufge-
„opfert werden ſoll, ſo müſste es eher auf
„der Seite des Genies geſchehen, und die
„Urtheilskraft, welche in Sachen der ſchö-
„nen Kunſt aus eigenen Prinzipien den Aus-
„ſpruch thut, wird eher der Freyheit und
„dem Reichthum der Einbildungskraft, als
„dem Verſtande Abbruch zu thun erlauben."
Ich bemerke über dieſe vollkommen wahre
Stelle nur das Einzige, daſs eigentlich zwiſchen dem ganzen Genie und dem wahren Geſchmacke nie ein Widerſtreit Statt
findet, ſondern nur zwiſchen dem letztern,
und einzelnen Beſtandtheilen des Genies,
die ſich zum Nachtheile der Geltung der
übrigen unbedingt herrſchend machen wol-
len*). So können bey der Entwerfung eines
Wer-

---

*) Kant ſcheint mir den Begriff des Genies in
Rückſicht der ſchönen Kunſt etwas zu einſeitig
zu faſſen, wenn er ihn beynahe bloſs auf die Erfindung einſchränkt. Kunſtgenie iſt der In-
begriff aller weſentlichen Naturanlagen, welche
den wahrhaft groſsen Künſtler fähig machen,
originale ſchöne Werke hervorzubringen; zu
die-

Werkes, Phantafie und Gefchmack, Witz und Gefchmack, fatyrifcher Geift und Gefchmack im Widerftreite feyn, aber nie der Gefchmack und alle das Genie ausmachenden Kräfte, als unter denen der Gefchmack felbft mit enthalten ift.

diefen Anlagen gehört aber auch das Vermögen, nach der Idee des höchften und vollendeten Schönen, welches durch eine Kunft möglich ift, das Produkt der Erfindung, des Hauptbeftandtheils des Genies, zu beurtheilen, diefes Vermögen ift der Gefchmack, der fich in der That, ohne Anlage durch keine Regeln erlernen läfst. Ohne die Anlage zu diefem Gefchmacke giebt es gar kein wahres Genie für irgend eine fchöne Kunft, und es ift falfch, dem Genie den Gefchmack als etwas entgegen fetzen, was das Genie lediglich erwerben müfste, ohne den Keim dazu urfprünglich zu befitzen.

IIII.

IIII.

Skizze einer Theorie der Charakterzeichnung in Werken der Dichtkunst.

Es ist eine allgemein zugestandene Wahrheit, daſs in Werken der Dichtkunst, welche Begebenheiten und Handlungen der Menschen darstellen, alle wesentlichen Antheil daran nehmende Personen charakterisirt seyn müssen. Bey vielen Werken besonders der Roman- und Schauspiel-Dichtkunst ist die Charakterdarstellung Hauptgegenstand, bey andern kann die Begebenheit oder Handlung ganz oder doch zum grofsen Theil, nur durch die Charaktere der theilnehmenden Personen begriffen werden; bey allen überhaupt erfordert das Gesetz der Wahrheit und Uebereinstimmung mit der wirklichen Welt Charakteristik, ganz charakterlose Menschen sind in poetischen Werken das, was Menschenfiguren ohne Physiognomie in Werken der bildenden Kunst seyn würden. Jede Menschenfigur, die ein Gesicht hat, hat auch eine Physiognomie, mehr oder weniger bedeutend und ausgezeichnet; und so hat jeder Mensch als ein Wefen, in welchem ein Wille in beftimmten Verhältnifs zu einem Erkenntnifs- und Gefühlvermögen fteht, irgend einen Charakter. Zwar pflegen wir von vielen Menfchen zu fagen, fie befitzen keinen Charakter; allein diefs ift Mifsbrauch des Wortes, wir fprechen ihnen nur den Charakter einer gewiffen Art ab, indem wir urtheilen, dafs ihnen fefte praktifche Grundfätze, und Maximen fehlen. Solche Menfchen befitzen oft nur zu viel Charakter, und erfordern das tieffte und feinfte Studium, um fie zu durchdringen, und ihre Handlungen zu begreifen. Sie in Werken der Dichtkunft pragmatifch darzuftellen, gehört unter die gröfsten Probleme der Charakterzeichnung, für das Genie*).

Allein nicht genug, dafs fich überhaupt in jedem Werke der Dichtkunft Charakteriftik, ja felbft nicht genug, dafs fich darin intereffante und für den Verftand lehrreiche Charakteriftik finde. Der Gefchmack fordert, dafs fie durchaus äfthetifch, und fchön fey.

---

*) Leffing hat uns an dem Prinzen in Emilia Galotti einen Charakter diefer Art meifterhaft gezeichnet. Noch vortrefflicher, möcht ich fagen, ift die Darftellung des Clavigo im Trauerfpiele diefes Nahmens von Göthe.

sey. Hier scheiden sich das Genie des Philosophen, und das des Dichters. Der wahre Philosoph besitzt eine tiefe Charakterkunde, und versteht es seine Menschen zu berechnen. Der Dichter steht der Tiefe und Gründlichkeit nach hinter ihm zurück, aber desto reicher und fertiger ist seine Phantasie, um die empfindbaren Aeusserungen und Züge der Charaktere zu fassen, desto fähiger sein Erfindungsgeist, um dieselben zur Befriedigung des Gefühls und des Geschmacks darzustellen*).

Eine ästhetische Darstellung eines Charakters ist der blofs intellektuellen entgegen gesetzt. Wenn die letztere blofs bestimmt ist, dem Verstande Begriffe mitzutheilen; so bewirkt die erste, durch die Art, wie die Begriffe mitgetheilt werden, eine subjek-

*) Man betrügt sich sehr, wenn man glaubt, dafs Philosophen, die sich in ihren Schriften und Vorträgen als grofse Charakterkenner zeigen, im Gebiethe der historischen und dramatischen Dichtkunst glückliche Erfolge haben würden. Ganz eine andere Sache, blofs dem Verstande und der Vernunft durch eine Schilderung Genüge leisten, und auffer der Befriedigung dieser Kräfte auch noch reines Gefühl des Schönen bewirken.

jektive Gemüthsſtimmung, die in einem zur Erkenntniſs nicht weſentlich gehörenden Spiele der Gemüthskräfte, und damit zufammenhängenden Beſtrebungen und Gefühlen beſteht. Die äſthetiſche Darſtellung eines Charakters geſchieht: 1) entweder durch Beſchreibung, deſcriptiv; 2) oder durch Erzählung, hiſtoriſch; 3) oder endlich durch dramatiſche Repräſentation, dramatiſch.

1) Ein Charakter wird äſthetiſch dargeſtellt: 1) durch Beſchreibung, *a*) wenn die Eigenthümlichkeiten deſſelben in einer ſolchen Form des Ausdrucks entwickelt werden, daſs die Phantaſie unabſichtlich übergehen muſs zur Dichtung einer reichen Mannigfaltigkeit von äuſſern Handlungen und Situationen, die durch den Charakter möglich ſind; *b*) wenn die Eigenthümlichkeiten deſſelben in einer ſolchen Form des Ausdrucks entwickelt werden, daſs dadurch Neigung oder Abneigung in Beziehung auf denſelben bewirkt wird; 2) durch Erzählung, wenn ſolche Aeuſſerungen von Geſinnungen, und ſolche Handlungen derſelben mitgetheilt werden, durch welche man auf die Vorſtellung desjenigen Verhältniſſes des Willens zu den übrigen Kräften geführt wird, worin ſie ihren Grund haben, und dieſs in einer Form

des

des Ausdrucks geschieht, wodurch man gestimmt wird, sich mit freyem Spiele der Phantasie eine reiche Mannigfaltigkeit von Handlungen und Situationen vorzustellen, die durch denselben entstehen können, und zugleich mit Neigung oder Abneigung erfüllt wird; 3) durch dramatische Darstellung, wenn die Person in der gegenwärtigen Aeusserung solcher Gesinnungen, in der Motivierung und Vollendung solcher Handlungen dargestellt wird, durch welche wir auf die Vorstellung desjenigen Verhältnisses des Willens zu den übrigen Kräften geführt werden, worin sie ihren Grund haben, und zwar dergestalt, dafs wir uns jene aus diesem befriedigend erklären, und uns die Handlungsweise denken können, in welcher die Person sich gleich bleibt. Zugleich kann auch die Form des Styls, können und müssen die vom Dichter vorausgesetzten mimischen Ausdrükke der Person mitwirken, um unsre Phantasie unabsichtlich zu stimmen, sich das durch den Charakter Mögliche in einem freyen Spiele zu dichten, und das Begehrungsvermögen zur Neigung oder Abneigung zu stimmen.

Die Darstellung eines Charakters ist schön, wenn sie durch Harmonie der Vernunft, welche die Begriffe herbei führt, und der Phantasie, welche ihnen entsprechende
Bil-

Bilder dichtet, durch überrafchende Vereinigung von Gefetzmäfsigkeit und Freiheit, ein Vergnügen an ihrer Form hervorbringt, welches wefentliche Aehnlichkeit mit dem Vergnügen an der fchönen Natur hat.

Wie abftract auch diefe Erläuterungen fcheinen, fo läfst fich dennoch ihre Richtigkeit an jedem Beyfpiele eines in einem Dichterwerk äfthetifch und fchön dargeftellten Charakters zeigen, und, wenn die Grenzen diefes Werkes es erlaubten, fo würde ich es ohne Schwierigkeiten mit Agathon, Werther, oder irgend einem andern von Meifterhand gezeichneten Charakter verfuchen.

Die Grundfätze für die dichterifche Charakteriftik find: 1) allgemeine pfychologifche; 2) allgemeine äfthetifche; 3) befondere äfthetifche, in Hinficht der Gattung, zu welcher das Werk gehört, und der eigenen Zwecke und Verhältniffe des Werkes.

I.

Grundbedingung für die dichterifche Charakterzeichnung ift pfychologifche Wahrheit des Charakters, Uebereinftimmung deffelben mit den Gefetzen der menfchlichen Natur; der Charakter mufs möglich feyn. Man vermifst in einem Charakter pfychologifche

gifche Wahrheit, wenn fich Widerfprüche in ihm finden, die nach den Gefetzen der menfchlichen Natur nicht möglich find; ich fage mit gutem Grunde, nach den Gefetzen der menfchlichen Natur, denn es giebt viele Widerfprüche in menfchlichen Charakteren, die mit den Gefetzen der menfchlichen Natur fehr wohl übereinftimmen. Dafs ein Menfch ein feines Gewiffen, und kein Gefühl für wahre Ehre habe, von phlegmatifchem Temperamente, und der feurigften Liebe fähig fey, ift pfychologifch unwahr, nach den Gefetzen der menfchlichen Natur unmöglich; dafs aber ein Menfch durchgängig gewiffenhaft handle, nur nicht, wenn feine Rachgier gereitzt ift, dafs ein Menfch zugleich höchft ehrgeitzig, und, wenn es auf gewiffe Zwecke ankommt, jeder Erniedrigung fähig ift, dafs ein Menfch zugleich der äufserften Enthaltfamkeit und der äufserften Ausfchweifung fähig ift, zugleich fähig ift, fich alles zu erlauben, und alles zu verfagen, ift nach den Gefetzen der menfchlichen Natur fehr wohl möglich. Wenn ein Charakter pfychologifch wahr ift, fo ift er auch in allen feinen Theilen **confequent und confiftent.**

Allein die pfychologifche Wahrheit eines Charakters mufs auch **evident feyn,** feyh, und um eingefehen zu werden, keines langen Nachdenkens bedürfen. Ich nenne die Eigenfchaft einer Charakterzeichnung, nach welcher das Ganze des Charakters fogleich begriffen wird, den **pragmatifchen Geift** derfelben. Die Evidenz der pfychologifchen Wahrheit eines Charakters ift gleich nothwendig für jedes dichterifche Werk, von welcher Gattung es auch fey, für befchreibende fowohl als für erzählende und dramatifch-darftellende. Selbft wenn der Charakter eine feltnere, zweydeutigere Vereinigung der Seelenkräfte darböthe, ja wenn er durchgängig aus Widerfprüchen beftünde, fo müfste dennoch der Dichter die Darftellung fo anlegen, dafs augenblickliche Evidenz bewirkt würde, wenn anders der Zweck des Werkes nicht erfordert, den Lefer oder Zufchauer über gewiffe Züge eine Zeit lang unentfchieden zu laffen. Charaktere, welche jener Evidenz gar nicht fähig find, können auch nicht Gegenftände der Kunft feyn.

Vollkommen gute Charaktere, als Ideale aufzuftellen, ift der pfychologifchen Wahrheit nicht zuwider, wenn diefelben nur den Principien der Vernunft gemäfs gebildet werden. Eben fo wenig ift es der pfychologifchen Wahrheit zuwider, in einer Gefchichte, oder einem Schaufpiele Perfonen aufzufühführen, welche fich durchgängig tugendhaft zeigen, ohne eine menfchliche Schwäche zu verrathen. Es giebt deren in der wirklichen Welt, obwohl felten. Und wenn fie fich in der Handlung, an welcher fie Theil nehmen, durchgängig tugendhaft zeigen, fo folgt daraus nicht, dafs fie überhaupt von allen moralifchen Gebrechen und Schwächen frey feyen. Uebrigens läugne ich nicht, dafs der Dichter mit folchen Charakteren höchft fparfam feyn müffe, und dafs er gewifs in den meiften Fällen mehr wirke, wenn er feinen Helden Züge von Menfchlichkeit beyfügt.

Vollkommen böfe Charaktere find entweder folche, in denen der gute Wille ganz ruht, und die im Zuftande ihrer fittlichen Verderbtheit überhaupt nur nach böfen Maximen handeln, oder folche, die fich in der Handlung, an welcher fie Theil nehmen, durchgängig als böfs zeigen. Die erftern find fo wenig als die leztern der pfychologifchen Wahrheit zuwider.

Charaktere find in dreyfacher Rückficht intereffant: 1) in moralifcher Rückficht; 2) in intellektueller Rückficht; 3) in äfthetifcher Rückficht.

Originalid. III. Theil. L Ein

Ein Charakter ift in moralifcher Rückficht intereffant: *a*) wiefern in ihm viel Grund zu guten oder böfen Handlungen liegt. Moralifch-intereffant ift Amaliens Charakter in Allwills Brieffammlung, Amaliens, „die „nur ihren Mann liebt, und ihre Kinder; al-„len übrigen Wefen nur gut ift, und in Wohl-„thun gegen fie aus voller Genüge, nur — „überfliefst, wie die Sonne von fich fcheint „Licht und Wärme, nur — weil fie Licht „ift und warm, und die Fülle hat"; moralifch intereffant ift ein Jago (im Othello) ein Franz Moor (in den Räubern) ein Marinelli; *b*) wenn in ihm viel Grund zu höhern und feinern guten Handlungen, oder zu ftärkern, oder feinern böfen Handlungen liegt. (Pofa im Carlos, Cato, Catilina, Marinelli.)

Ein Charakter ift intellektuell intereffant; 1) wenn, er aus ungemeinen Verhältniffen der Seelenkräfte befteht, in deren Betrachtung viel Stoff zum Nachdenken liegt; (Werther, Karl Moor in den Räubern, Allwill, alle zweydeutige Charaktere, Mitteldinge zwifchen Tugend und Lafter); 2) wenn er feine guten oder böfen Zwecke nach feinen Planen mit Anftand und Einbildungskraft zu verfolgen weifs; (Fiesko, Marinelli, Figaro); 3) wenn er fich auf eine ihm eigenthümliche, originale Weife in Handlungen

gen und Gesprächen äussert (Odoardo, alle Humoristen u. s. w.)

Ein Charakter ist äfthetisch interessant, 1) wenn die Verhältnisse von Seelenkräften, aus denen er besteht, ohne lebhaftes Vergnügen oder Mifsvergnügen, Neigung oder Abneigung nicht betrachtet werden können; 2) wenn die Betrachtung desselben viel Stoff zu Bildungen und Dichtungen für die Phantasie darbietet, seyen es nun angenehme oder unangenehme; 3) wenn seine Aeusserungen in That und Rede eine Form haben, welche den Geschmack befriedigt oder beleidigt, die Phantasie und das Gefühl auf eine angenehme oder unangenehme Weise reitzt. Im ersten Sinne ist äfthetisch interessant ein Charakter, welcher bey der feinsten Gewissenhaftigkeit, die zarteste Sympathie, und eine schwärmerische Einbildungskraft besitzt, oder ein Charakter, welcher bey der zartesten Sympathie, die Leidenschaft des Hasses und der Rachgier im höchsten Grade besitzt; im zweyten Sinne ein Charakter eines schwärmerisch liebenden Menschen, ein Charakter, in welchem sich Einbildungskraft, Kühnheit und Festigkeit vereinigen; im dritten Sinne der Charakter eines Menschen, welcher auf eine Weise wohlthut, die der Delicatesse dessen schmeichelt, dem er wohlthut,

thut, der Charakter eines Menfchen von rauher Wohlthätigkeit.

Ein Charakter ift fchön, wenn die Verhältniffe von Seelenkräften, aus welchen er befteht, eine Harmonie bilden, deren Betrachtung ein Gefühl der Liebe zu ihm bewirkt, und die Phantafie zu einem freyen Spiele unter reitzenden Bildern des Guten und Edlen beftimmt. Nur ein tugendhafter Charakter kann fchön feyn.

Jeder Charakter in der wirklichen Welt hat, auffer feinen allgemeinen Befchaffenheiten, Nebenbeftimmungen, welche ihm feine Individualität geben, und diefe Individualität mufs fich auch in jeder dichterifchen Darftellung eines Charakters finden.

Ein Charakter bleibt, als folcher, fich gleich, und diefe Confequenz mufs der Dichter in jedem Werke beobachten, wo er Charaktere aufftellt.

II.
Die äfthetifche Darftellung eines Charakters in einem Werke der Dichtkunft mufs fchön feyn, und da denen von mir feftgefetzten Begriffen zu Folge hierbey alles auf Harmonie der Vernunft und der Phantafie hin-

hinaus kommt, fo beziehen fich auch darauf alle Grundfätze, welche für fchöne Darftellung von Charakteren gegeben werden können. Hauptgrundfatz ift: Die dichterifche Darftellung eines Charakters ift um fo fchöner, je vollkommner, leichter und angenehmer die harmonifche Wirkfamkeit von Vernunft und Phantafie ift, durch welche derfelbe gefafst wird. Sind die Eigenthümlichkeiten des Charakters, die ihn ausmachenden Verhältniffe von Gemüthskräften, befchreibend entwickelt, fo zeigt fich ein progreffives Spiel der Phantafie, welche in mannigfaltigen Bildern das durch den Charakter Mögliche dichtet. Sind Aeufserungen, Handlungen des Charakters dargeftellt, fo erhebt fich die Vernunft regreffiv zu den Gründen; die Phantafie folgt ihr, und entwickelt nach diefen eine reiche Menge von möglichen Wirkungen und Situationen der Perfon, welcher der Charakter zukommt. Sehr natürlich ift es, dafs eine fchöne Darftellung eines Charakters es uns leicht macht, uns in denfelben hinein zu denken und gleichfam zu verfetzen, dafs alfo diejenige Täufchung, welche man vom Schaufpieldichter mit Recht erwartet, vorzüglich auch durch eine in dem von mir beftimmten Sinne fchöne Charakterzeichnung bewirkt wird.

[Ein

Ein Charakterzug ift eine ausgedrückte Eigenthümlichkeit eines Charakters, und die Schönheit einer Charakterzeichnung beruht auf der Anzahl, der Mannigfaltigkeit, der Art der Schilderung und Vereinigung der Züge. Man fezt in diefer Hinficht in Beziehung auf eine Charakterzeichnung einander entgegen: den Reichthum und die Dürftigkeit, die Mannigfaltigkeit und Einförmigkeit, Stärke und Schwäche, Ausgezeichnetheit und Allgemeinheit, Gründlichkeit und Oberflächlichkeit, Beftimmtheit und Unbeftimmtheit, Ueberladung und Präcifion, Uebertreibung und Proportion, Verwirrung und Ordnung, Harmonie und Disharmonie.

III.

So gewifs es auch für die Charakterzeichnung in Werken der Dichtkunft allgemeine Grundfätze giebt, die für alle Gattungen von gleicher Gültigkeit find, fo ergeben fich dennoch aus der befondern Natur und dem eigenthümlichen Charakter der Dichtungsarten fpezielle Regeln für diefelbe.

Die mit Menfchendarftellung befchäftigten erzählenden, und dramatifchen Gedichte find der Form ihrer Darftellung nach fo wefentlich verfchieden, dafs man leicht erachten kann, dafs jede eine gewiffer-
mafs-

maſsen eigene Art der Charakterzeichnung erfordert. Und die erzählenden ſowohl, als die dramatiſchen haben hinwiederum in ihren Unterarten ſo viel eigenthümliches, daſs beynahe für jede derſelben eine ſpezielle Theorie Statt findet. Das epiſche, das romantiſche, das idylliſche Gedicht, der Roman, haben jedes ſeine eigenthümliche Charakteristik. Anders charakteriſirt Oſſian in Fingal und Temora, anders Wieland in Amadis und Oberon, anders Geſsner in Daphnis und im erſten Schiffer, anders Wieland im Agathon. Ich werde bey einer andern Gelegenheit mich auf das Detail dieſer Unterſuchung einlaſſen.

Anmerkungen.

S. 154. Z. 3. 4. v. u. einen Charakter) Charakter iſt in praktiſcher Hinſicht, was in theoretiſcher Kopf genannt wird. Der Charakter eines Menſchen iſt: Dasjenige Verhältniſs des Willens deſſelben zu den übrigen Kräften ſeiner Natur, in welchem die Handlungsweiſe gegründet iſt, in welcher er ſich gleich bleibt. Es kann kein Menſch exiſtiren, in welchem nicht ein folches Verhältnifs Statt fände. Aller Erfahrung nach, bringt jeder Menfch eine urfprüngliche Difpofition zu einem folchen Verhältniffe mit auf die Welt, welche jedoch in fo weit der Selbftherrfchaft des Menfchen unterworfen ift, dafs feine moralifche Freyheit dadurch in keinem Falle, wo er fich derfelben bewufst ift, überwunden wird. Allein Erziehung, Gewohnheit, Umgang, Schickfale, und andere Umftände tragen das Meifte zur Bildung des Bleibenden und der Confiftenz in unfern Charakteren bey. Nie aber kann ein Charakter durch feine Confistenz die Freyheit überwinden, fo lange der Menfch des Gebrauchs feiner Vernunft und feines Bewufstfeyns nicht beraubt wird. Wenn ein Charakter die Freyheit vernichtet, dann tritt ein Grad von Verrückung ein. Jeder Menfch kann gegen feinen Charakter handeln, obwohl er es felten zu thun pflegt.

S. 155. Z. 4. 5. v. u. im Texte: Eine — gefetzt.) Wenn Livius vom Hannibal fagt: „Miffus Hannibal in „Hifpaniam primo ftatim adven„tu omnem exercitum in fe con„vertit. Hamilcarem juvenem „redditum fibi veteres milites
„cre-

„credere; eundem vigorem in
„vultu, vimque in oculis, habi-
„tum oris, lineamentaque intue-
„ri; dein brevi effecit, ut pater
„in fe minimum momentum ad fa-
„vorem conciliandum effet. Num-
„quam ingenium idem ad res di-
„verfiffimas, parendum atque im-
„perandum, habilius fuit; itaque
„haud facile decerneres, utrum
„imperatori, an exercitui, cari-
„or effet, neque Hasdrubal ali-
„um quemquam praeficere malle,
„ubi quid fortiter ac ftrenue
„agendum effet: neque milites
„alio duce plus confidere aut au-
„dere. Plurimum audaciae ad
„pericula capeffenda, plurimum
„confilii inter ipfa pericula erat,
„nullo labore aut corpus fatiga-
„ri, aut animus vinci poterat.
„Caloris ac frigoris patientia
„par; cibi, potionisque defide-
„rio naturali, non voluptate, mo-
„dus finitus; vigiliarum fomni-
„que nec die nec nocte discrimi-
„nata tempora. Id quod geren-
„dis rebus fupereffet, quieti da-
„tum; ea neque molli ftrato, ne-
„que filentio arceffita. Multi
„fae-

„saepe militari sagulo opertum, „humi jacentem inter custodias „stationesque militum, conspexe„runt. Vestitus nihil inter ae„quales excellens, arma atque „equi conspiciebantur. Equitum „peditumque idem longe primus „erat; princeps in proelium ibat; „ultimus conserto proelio exce„debat. Has tantas viri virtutes „ingentia vitia aequabant; inhu„mana crudelitas, perfidia plus „quam Punica; nihil veri, nihil „sancti, nullus Deum metus, nul„lum jusjurandum, nulla religio"; so charakterisirt er blofs für den Verstand, um eine beſtimmte Idee ſeines Charakters zu geben. Wenn durch die Schilderung ein Gefühl in uns entſteht, ſo iſt es durch die Sache, nicht durch die Form bewirkt.

Wenn im Gegentheile Salluſtius die Charaktere Cäſars und Catos folgendermafsen zuſammenſtellt: „iis genus, „aetas, eloquentia prope aequalia fuere; „magnitudo animi par, item gloria; sed „alia alii. Caesar beneficiis ac munifi„centia magnus habebatur, integritate „vitae Cato. Ille mansvetudine et mise„ricor-

„ricordia clarus factus eſt; huic ſeveritas „dignitatem addiderat; Caeſar dando, „ſublevando, ignoscendo, Cato nihil lar‑ „giendo gloriam adeptus eſt. In altero „miſeris perfugium erat; in altero malis „pernicies. Illius facilitas, hujus con‑ „ſtantia laudabatur. Poſtremo Caeſar in „animum induxerat, laborare, vigilare; „negotiis amicorum intentus, ſua negli‑ „gere, nihil denegare quod bono dignum „eſſet; ſibi magnum imperium, exerci‑ „tum, novum bellum exoptabat, ubi vir‑ „tus ejus enitescere poſſet. At Catoni „ſtudium modeſtiae et decoris, ſed maxi‑ „me ſeveritatis erat. Non divitiis cum „divite, neque factione cum factioso; ſed „cum ſtrenuo virtute, cum modeſto pu‑ „dore, cum innocente abſtinentia certa‑ „bat. Eſſe quam videri bonus male‑ „bat. Itaque, quo minus gloriam pete‑ „bat, eo magis illam aſſequebatur;" ſo fühlt jeder, daſs auſser dem Intereſſe, welches die Kenntniſs der geſchilderten Sitten der Männer ſelbſt mit ſich führet, auch die Form ganz beſonders wirkſam iſt, um dem Gemüthe eine Stimmung zu geben, bey welcher das Dichtungs‑ vermögen unwillkührlich veranlaſst wird, die Charakterzüge beyder Männer aus‑ zubilden, und aus ihnen eine reiche Man‑
nig‑

nigfaltigkeit von Scenen, die aus ihnen folgen, zu entwickeln. Zugleich bemerkt man, wie eine Reihe intereſſanter Contraſte nur deſto mehr dazu beyträgt, um die Harmonie und Einheit des Gemähldes zu unterhalten, und ihre Wirkung zu erhöhen. Beyde Männer ſind groſse Seelen, aber jeder iſt es auf eine eigne Weiſe; Ehrgeitz iſt die Haupttriebfeder von Cäſars Handlungen, Cato kennt nichts als den ernſten Gedanken der Pflicht; und verachtet im Gefühle ſeiner Selbſtſtändigkeit, allen glänzenden Schein. Cäſars Ehrgeitz bekommt durch die ihm beygefügte feine Menſchlichkeit ein liebliches Licht, allein ihm gegenüber muſs Cato in unſern Augen doch gewinnen, wir glauben in ihm, ein über menſchliche Schwächen erhabenes Weſen zu ſehen, welches die Handlungen ſeiner Mitweſen und die ſeinen mit gleicher Strenge richtet, und über deſſen Willen Gefühle keine Gewalt haben. Catos Charakter iſt indeſſen offenbar weniger äſthetiſch als Cäſars, welcher nach ſeiner Miſchung von Tugend und Menſchlichkeit, für die Einbildungskraft unerſchöpflich iſt, da jener durch ſeine ernſte Würde mehr die Vernunft beſchäftigt.

Aehn-

Aehnliche Beyfpiele charakteriftifcher Schilderungen, welche die Einbildungskraft unwillkührlich zum Dichten beftimmen, finden fich in Plinius Lobrede auf den Trajan. Ich will nur eine anführen: Eft haec natura fideribus, ut parva et exilia validiorum exortus obfcuret: fimiliter imperatoris adventu legatorum dignitas inumbratur. Tu tamen major omnibus quidem eras, fed fine ullius deminutione major, eandem auctoritatem praefente te quisque, quam abfente retinebat; quin etiam plerisque ex eo reverentia accefferat, quod tu quoque illos reverebare. Itaque perinde fummis atque infimis carus, fic imperatorem commilitonemque miscueras, ut ftudium omnium laboremque et tanquam exactor intenderes, et tanquam particeps fociusque relevares etc.

S. 156. von Z. 11. v. o. Ein Charakter — bis S. 157. Z. 7. v. o. wird.) Das Aefthetifche der Form der Charakteriftik in Befchreibungen und Erzählungen beruht allezeit auf der Wirkung derfelben auf die dichtende Einbildungskraft. Der einzige wefentliche Unterfchied, welcher Statt findet, ift diefer. Der äfthetifche Befchreiber theilt die Grundla lagen, theilt das Bleibende des Charakters, ich möchte sagen, den Charakter selbst mit, er thut diefs aber so, dafs wir seine Begriffe nicht auffaffen können, ohne uns unabsichtlich in Dichtungen von Handlungen, Zuständen, Scenen, zu verlieren, die durch den Charakter möglich sind. Der erzählende Darsteller zeigt uns den Charakter in Handlung, und setzt uns in den Stand, uns aus den Thatsachen, die er mittheilt, den Begriff der Grundlagen und des Bleibenden des Charakters zu bilden; er thut diefs in einer solchen Form, durch welche unsre Einbildungskraft einerseits zur lebhaftesten Vorstellung des Individuums, andrerseits zum freyen Dichten des durch den Charakter Möglichen gestimmt wird. Jede ästhetische Charakterdarstellung hat Einflufs auf das Begehrungs- und Gefühlvermögen.

Die Wirkung, welche eine ästhetische beschreibende oder erzählende Charakterdarstellung auf das Begehrungs- und Gefühlvermögen macht, entspringt zunächst aus der Form, und zwar eben wegen ihres Einflusses auf das Spiel der Einbildungskraft, durch welchen auch das sittliche Interesse, welches
die

die Betrachtung der Charaktere mit fich führt, erhöht wird. Jene Wirkung kann ein Begehren, oder Verabfcheuung, Vergnügen oder Mifsvergnügen feyn.

S. 159. Z. 6. Denn es giebt —) Widerfprüche in menfchlichen Charakteren find Handlungsweifen des Willens, welche nur durch entgegengefetzte Beftimmungsgründe möglich find, und deren Beyfammenfeyn in einem Charakter nur durch Gründe, welche höher find, als diefe, begriffen wird.

Widerfprüche diefer Art können fich zeigen in herrfchenden, und einander an und für fich ausfchliefsenden Maximen, in Neigungen, Hängen, Leidenfchaften, Suchten. Sie find allezeit nur in fofern Widerfprüche, als man fie aufser der Einheit des ganzen Charakters betrachtet, fo bald man diefs thut, löfen fie fich auf, und erfcheinen in ihrer Zufammenftimmung.

Widerfprechende Handlungsweifen des Willens in einem Charakter zu fetzen, welche in der Einheit fchlechterdings keines Charakters zugleich Statt
fin-

finden können, ift einer der gröbften Fehler gegen alle pfychologifche Wahrheit. So ifts unmöglich, dafs in einem Charakter eine gewiffe allgemeine Handlungsweife herrfche, und zugleich eine befondre, die durch keinen Grund, und unter keinen Umftänden neben ihr beftehen kann, wie, dafs eine feine Gewiffenhaftigkeit, und Gefühllofigkeit für wahre Ehre zugleich befitze. Hier ift nicht blofs fcheinbarer Widerfpruch, der fich bey der Hinficht auf das Ganze auflöfst, fondern wirkliche Unmöglichkeit.

Charaktere mit fcheinbar widerfprechenden Zügen darzuftellen, und zwar begreiflich für die Vernunft, und zugleich ergötzend für den Gefchmack, ift keine leichte Aufgabe. Der Widerfpruch mufs empfindbar, oft überrafchend und frappant ausgezeichnet, die Einheit aber auch, in welche er fich auflöfst, wenigftens der Möglichkeit nach, fogleich einleuchten, die Einbildungskraft mufs durch diefe Verwickelung und Entwikkelung in Spiel gefetzt, und durch die Form des Ganzen das Gefühlvermögen angenehm geftimmt werden.

Die

Die Widerfprüche haben in vielen Charakteren komifche Kraft, und erfordern dann eine ganz eigne Art der Zeichnung und Darftellung, wenn ihre komifche Kraft frifch und reizend erhalten werden foll.

S. 160. Z. 5. v. o. pragmatifchen Geift.) Jeder Charakter ift ein Compofitum von Kräften in beftimmten Verhältniffen, Richtungen, Stimmungen, Fertigkeiten, in welchem aber bey aller Mannigfaltigkeit, Einheit herrfcht, fo dafs das Ganze durch die einzelnen Theile, und die einzelnen Theile durch das Ganze begriffen werden. Wenn ein Charakter fo dargeftellt ift, dafs man die Idee feiner Einheit bekommt, und fo nach die Möglichkeit der einzelnen Züge und des Ganzen einfieht, fo herrfcht in der Darftellung pragmatifcher Geift, diefer ift zugleich äfthetifch, wenn er diejenige Wirkung auf die Einbildungskraft, das Begehrungs- und Gefühlvermögen hervorbringt, welche ich als das Refultat der äfthetifchen Form angegeben und entwickelt habe.

Hier ift es, wo das Genie fich ohne alle Regeln grofs zeigt, oft bey dem wenigften

ften Aufwande von Mitteln. Es wirft einige Züge hin, und diefe Züge bemächtigen sich unsrer Phantasie, stimmen sie unabsichtlich, das Gemählde des Ganzen eines Charakters auszubilden, von dem es nur einige Seiten gezeigt hat, die doch mit allen übrigen in dem genauesten Zusammenhange stehen. Unnachahmlich sind von dieser Seite Dichter, wie Göthe und Ifland, Männer, die ihre ästhetischen Zwecke, bey Charakterzeichnungen, oft mit derselben Sparsamkeit und Unfehlbarkeit erreichen, mit welcher die Natur die Ordnung ihres Reiches bewirkt, und die sich eben dadurch als originelle Genies, und als weit erhaben über Jene Kompositoren ankündigen, deren Charakterdarstellungen jederzeit akademischen Disputationen gleichen.

S. 162. Z. 1. v. o. Ein Charakter — bösen Handlungen liegt.) Ich bemerke hier noch, dafs das moralisch-Interessante eines Charakters nicht blofs auf der Vorstellung dessen beruht, was eine Person nach ihren Maximen und Gesinnungen ist, sondern auch oft auf der Vorstellung dessen, was sie seyn könnte. So giebt es viele Charaktere, die uns, unerachtet ihrer sittlichen Verdorbenheit, dadurch

durch anziehn, dafs fie die herrlichften Anlagen verrathen, wodurch die Bildung zur Güte und Tugend befördert werden kann.

Im Gegentheile liegt bey manchen Charakteren ein Grund des moralisch-Intereffanten derfelben auch darin, dafs wir bey der Treflichkeit derfelben zugleich natürliche Anlagen bemerken, welche ihnen die moralifche Cultur erfchweren mufsten.

S. 163. Z. 8. v. o. wenn die Betrachtung deffelben — unangenehme). Solche Charaktere befitzen äfthetifchen Reichthum. Die Vorftellung ihrer Grundlagen und Grundzüge ift nicht möglich, ohne ein Bilderfpiel der Phantafie zu erregen, in welchem fich Handlungen, Situationen, und Scenen aller Art, die durch den Charakter möglich find, darftellen. Ein Charakter, welcher äfthetifch reich ift, hat allezeit eine Fülle von Thätigkeit in fich; kein träger Charakter kann äfthetifch reich feyn. Jene Thätigkeit aber mufs nicht im Innern des Gemüths verfchloffen bleiben, fondern fich in finnlichen Handlungen äufsern. Ein heimtückifcher, ein ſtellungsvoller Charakter ſind nicht äſthetiſch **reich**, denn wie viel Thätigkeit auch in ihnen liegt, ſo hält ſie ſich doch gröſstentheils im Innern des Gemüths zurück. Ein **heimlich eitler** Charakter iſt eben ſo wenig **äſthetiſch reich**, und zwar aus demſelben Grunde; hingegen ein Windbeutel mit Geiſt und Feinheit begabt, kann es im hohen Grade ſeyn. Die ächt komiſchen Charaktere ſind überhaupt alle äſthetiſch reich, und eben in ihrem äſthetiſchen Reichthume liegt ein beſondrer Grund ihrer komiſchen Kraft. Den ächt komiſchen Charakter können wir nicht betrachten, ohne daſs unſre Phantaſie mit jenem Bilderſpiele beſchäftigt werde, wo ſich der Charakter in tauſend angenehm-thörichten Handlungen und Situationen darſtellt.

V.

V.

Bemerkungen über den Zusammenhang des Aesthetisch-Edlen mit dem Moralisch-Edlen.

Unerachtet das Sittlich-Edle von dem Edlen für den Gefchmack (das Moralifch-Edle von dem Aefthetifch-Edlen) wefentlich verfchieden ift, fo hängt dennoch der letztere Begriff mit dem erften fo genau zufammen, dafs er ohne jenen nicht beftimmt und entwickelt werden kann. In fittlicher Hinficht nennen wir einen Menfchen edel, wenn er eine Fertigkeit edler Handlungen befitzt; edle Handlungen aber beziehen fich, fo fcheint es, jederzeit auf unfre Mitmenfchen, und zwar find es Handlungen von vorzüglichem fittlichen Werthe, Handlungen, zu deren Hervorbringung eine ganz vorzügliche Stärke der Seele, eine ausgezeichnete Kraft der Vernunft, die Neigungen und Gefühle der Sinnlichkeit zu überwinden, oder auch eine mufterhafte Feinheit oder Urtheilskraft gehört, mit welcher man feinem Mitmenfchen auf eine Weife wohlthut, wodurch feine Verhältniffe, und d daraus entfpringenden Gefühle am meiften gefchont werden, und der Zuwachs von Glückfeligkeit, den man ihm ertheilt, ihm auf das Reinfte und Vollendetfte zukommt. Gefinnungen, welche den Grund folcher Handlungen ausdrücken, nennt man ebenfalls edle Gefinnungen.

Das Edle für den Gefchmack, das Aefthetifch-Edle hängt mit dem Edeln für die fittliche Vernunft zufammen, aber fein Zufammenhang mit demfelben ift nicht ganz leicht zu faffen.

Die meiften Gefchmackslehrer haben das Edle für den Gefchmack entweder dem Edlen für die moralifche Vernunft zu fehr angenähert, oder es zu weit davon entfernt, manche haben beyde, möchte man fagen, identificirt. Das Aefthetifch-Edle in einem Kunftwerke gehört entweder den Gegenftänden an, welche den Stoff ausmachen, oder der Form, der Art der Darftellung, Anordnung und Bezeichnung. Im erften Falle können die Gegenftände nur Menfchen feyn. Im zweyten kann man das Edle einem jeden Werke der bildenden Kunft zueignen, zu welcher Gattung es auch gehöre. Das Edle der Gegenftände felbft findet demnach vorzüglich in hiftorifchen
Stük-

Stücken Statt. Der Begriff diefes **Edlen** hat keine Schwierigkeit, er drückt moralifch-edle Handlung, Gefinnung, Charakter aus, welche fich in finnlicher Geftalt mit augenblicklicher Evidenz ankündigen.

Wenn wir das **Edle** der Gegenftände anerkennen, fo eignen wir es den Perfonen, welche im Werke dargeftellt erfcheinen, felbft zu. Wenn wir hingegen das **Edle** in die Form fetzen, fo betrifft diefes Urtheil den Künftler felbft, und ihm theilen wir eigentlich mit demfelben das Prädicat des **Edlen** zu, wenn er durch die Art feiner Darftellung feine moralifche Stärke, den Umfang, die Lauterkeit und Feinheit feines fittlichen Gefühls ausdrückt. Wenn wir einer Landfchaft das **Edle** zueignen, fo müfsten wir gar keinen oder einen fehr fchwankenden Begriff damit verknüpfen, wenn wir es in die Gegenftände felbft fetzten, welche weder felbft **edel** feyn, noch auch an fich eigentlich edle Gefinnungen erregen können. In der wirklichen Natur nennen wir gewifs keine Landfchaft edel, fondern nur in der nachahmenden Darftellung des bildenden Künftlers, oder der verfchönernden Anordnung und Ausbildung des Gartenkünftlers*).

---

*) Eben fo wenig nennen wir eine Landfchaft der rohen Natur **unedel**, wohl aber die Darftellung

Das Edle der Form zeigt sich am Einleuchtendsten und auf das Liebenswürdigste in dem Ausdrucke der Leidenschaften, der sich an den Personen, die in einem Werke der schönen Kunst vorkommen, zeigt. Wir verzeihen den Mangel desselben in dieser Hinsicht eben so wenig dem epischen und dramatischen Dichter, als dem Historienmahler. Der Ausdruck der Leidenschaft ist dann edel, wenn die Leidenschaft, obwohl sie im Spiele ist, doch als der Vernunft untergeordnet erscheint, und der Grad, in welchem sie erregt, die Art, wie sie geäussert wird, die Würde der menschlichen Natur auf keine Weise beleidigt. Von dem edlen Ausdrucke der Leidenschaft also ist alles entfernt, was

das

lung und Nachahmung davon durch Kunst. — Ein Garten im französischen Geschmack ist eben so wenig edel, als ein Garten im wildesten englischen Geschmacke. Nur ein Garten, welcher die landschaftliche Natur mit Einheit und Harmonie nachahmt, kann auf das Prädicat des Edlen Anspruch machen. — Sehr irrig glauben einige neuere Theoristen, die Veredlung der Gärten könne durch Vereinigung des französischen und englischen Geschmacks bewirkt werden, eine Vereinigung, welche mir nicht viel anders zu seyn scheint, als Hexameter mit Reimen.

das Gefühl des Betrachters empören, und von der Anfchauung abfchrecken könnte, alles, wodurch der Menfch fich als blofses Thier zeigen würde, alles, was die fittliche Empfindung und den Anftand beleidigen könnte. Der Ausdruck der Rachbegier würde nicht edel feyn, wenn er gräfslich wäre*), nicht edel der Ausdruck von Gefchlechtsluft, wenn er grobe Lafcivität enthielte, nicht edel der Ausdruck von fatyrifcher Laune, wenn er fich dem Sarkafmus näherte.

Das Edle in der eben beftimmten Bedeutung mufs, wie ich bereits angedeutet, vorzüglich in hiftorifchen Stücken der bilden-

---

*) Man vergleiche, um den Unterfchied einer gräfslichen, und einer durchgängig edlen Darftellung der Rachgier in einem glänzenden Beyfpiele zu finden, die erfte Bearbeitung des Clavigo von Göthe mit der neuen in feinen Schriften 3. B. In einer ähnlichen Hinficht kann man den Julius von Tarent von Leifewitz vergleichen mit den Zwillingen von Klingern, welches letztere Stück bey unläugbaren Vorzügen doch dem erftern vorzüglich defshalb nachfteht, weil die edle Darftellung der Leidenfchaft, welche diefem, ich möchte fagen, eine gewiffe Sublimität giebt, in jenem ganz vernachläffigt ift.

denden Kunft Statt finden, welche Handlungen darftellen, bey welchen ftarke und wilde Leidenfchaften im Spiele find. Und kein Künftler hat vielleicht eine fo grofse Aufforderung und eine fo glänzende Gelegenheit, jenes Edle erfcheinen zu laffen, als der Schlachtenmahler, in deffen gröfsten und kühnften Compofitionen doch durchgängig das Edle herrfchen mufs.

Man bemerkt fehr wohl, dafs das Edle im Ausdrucke der Leidenfchaft dem Werke, an welchem es fich findet, den Charakter des Erhabenen ertheilet. Selbft der Elegie, einer Dichtungsart, welche pfychologifch betrachtet, mit dem Erhabenen nur in fehr entferntem Zufammenhange zu ftehen fcheint, kann Erhabenheit durch das Edle im Ausdrucke der gemifchten Empfindungen, welche fie enthält, zukommen.

Der Ausdruck von Seelengröfse, verbunden mit Anmuth, erzeugt eine Art des Edlen, welche vorzüglich reitzend ift, und eben fowohl bey dem männlichen, als dem weiblichen Gefchlechte Statt findet. So nennt man eine Gefichtsbildung, in welcher Hoheit der Seele mit Liebreitz verbunden ift, eine edle Gefichtsbildung, und im ähnlichen Sinne nimmt man es, wenn man von einem

ed-

edlen Wuchfe der Männer oder der Frauen redet. Die blofse Erhabenheit macht nie allein das Edle einer Geſichtsbildung oder eines Wuchfes aus, es muſs ſich Anmuth damit vereinigen.

Nicht ohne Beziehung auf dieſe Bedeutungen des Begriffes Edel, bezeichnet man auch durch ihn eine Gröfse der Formen, welche durchgängig in fchönen Verhältniſſen erfcheint. So eignet man einer Säulenordnung das Edle zu, nicht blofs wegen der Erhabenheit, die in ihr liegt, fondern zugleich wegen der Annehmlichkeit, die damit verknüpft ift. Das Edle in Formen dieſer Art fpiegelt uns den Charakter des Künſtlers ab; wir fühlen uns gedrungen, demjenigen Geiſte, welcher folche Formen hervorbringt, einen hohen Grad des Moraliſch - Edlen zuzueignen.

Es giebt aber auch auſſer dieſen Arten des Edlen, wodurch der Künſtler allezeit Gröfse der Geſinnung ausdrückt, noch ein andres, wodurch er die Lauterkeit und Feinheit ſeines Gefühls für Sittlichkeit und wahren Anſtand ankündigt. Von dieſem Gefühle geleitet, giebt er feiner Compoſition, bis auf die kleinſten Theile, Zweckmäfsigkeit, vermeidet alles Triviale, entfernt jeden Zug,

wel-

welcher die Harmonie des Ganzen unangenehm ftören, und Gefühle hervorbringen würde, die der Hauptwirkung widerfprächen. Ein in diefem Geifte gearbeitetes Werk mufs man bewundern, denn in dem ganz Vollendeten ift wahre Hoheit; zugleich aber kann man ihm auch ein Gefühl der Liebe nicht verfagen. Und diefer Charakter ift es, was ihm Anfpruch auf das Prädicat des Edlen ertheilt.

Wenn man vom Style in Werken der poetifchen und profaifchen Litteratur das Edle fordert, denkt man es ganz in dem eben entwickelten Sinne. Das Edle des Styles betrifft eben fowohl die Darftellung der Gegenftände, als den Ausdruck von Leidenfchaften und Gefühlen, als endlich auch den Gebrauch der Worte und Redensarten felbft. Darftellung von Gegenftänden bekommt durch den Styl Adel, wenn das Grofse und Erhabene derfelben nicht etwa durch müfsige Züge und leere Ausdehnung gefchwächt, durch gemeine oder wohl gar niedrige Züge herab gewürdiget wird, wenn vielmehr Präcifion, Harmonie und Einfalt in der Darftellung herrfchen; wenn das Schöne und Rührende derfelben ohne alle Beimifchung fremder, dem beabfichtigten Gefühle widerftreitender, oder gleichgültiger Züge

mit

mit Homogeneität und Reinheit gefchildert
wird; wenn das wefentlich Widrige derfelben
durch Delicateffe gemildert, nicht bis auf den
Grad ausgemahlt wird, wo es Abfcheu und
Ekel erwecken müfste; wenn das Lächerli-
che derfelben nicht übertrieben gefchildert,
nicht mit groben Egoifmus hervorftechend
gemacht wird, überhaupt wenn der Gefchmack des Redenden oder Schreibenden jede Verfuchung überwindet, bey feinen Befchreibungen fich ins Zwecklofe zu verlieren,
oder zur Begünftigung eines individuellen zufälligen Intereffe, Seiten des Gegenftandes
zu berühren, deren Befchaffenheiten eine mit
der Hauptempfindung nicht zufammenftim-
mende Wirkung verurfachen. Der Ausdruck
von Leidenfchaften und Gefühlen durch Styl
ift edel, wenn fich in ihm kein Zug von Ego-
ifm findet, oder diefer fich doch fo fein als
möglich verbirgt, wenn der Enthufiafm nicht
über die Grenzen einer des Menfchen würdigen Schwärmerey in Fanatifm übergeht, blofs
finnliche Neigungen nicht in thierifche Wild-
heit ausarten, wenn der Leidenfchaftliche
oder Fühlende bey aller Bewegung feiner
Seele doch noch eine gewiffe Stärke und
Selbftbeherrfchung verräth, die Empfindungen nicht durch unmännliche Weichheit verächtlich erfcheinen. Auch im Gebrauche der
Worte und Redensarten liegt ein gewiffes ei-

gen-

genthümliches Edles, welches sich vorzüglich durch Vermeidung alles Gemeinen, Trivialen und niedriger Nebenideen ankündiget, welche mit gewissen Worten, Redensarten und Wendungen verknüpft sind. Das Edle im Style ist unstreitig ein wesentliches Erfordernifs, um einen Schriftsteller für classisch zu halten.

Die Dichtkunst hat keine Gattung, für welche das Unedle wesentlich wäre, vielmehr gesteht jeder zu, dafs alles Unedle schlechterdings aus ihren Werken verbannt seyn mufs. Wie kommt es, dafs die schöne bildende Kunst Gattungen hat, deren Zweck es ist, das Unedle in seiner ganzen Niedrigkeit darzustellen? — Wir wollen es nur frey behaupten, sie hat an sich keine Gattung dieser Art, obwohl ihr solche von Nichtkennern und geschmacklosen Liebhabern zugeeignet werden. Carrikaturen im Hogarthischen Geschmacke, Darstellungen von Schenkscenen, Bauergelagen, im Geiste mancher Niederländer, Werke dieser Art mögen seyn, was sie wollen, Werke der schönen bildenden Kunst sind sie nicht.

An-

Anhang
über das Edle in der Einfalt.

Einfalt im Allgemeinen ift keineswegesAbwefenheit der Theile, dieUnzertrennlichkeit eines Dinges (wie Sulzer fagt); fondern diejenige Stellung, Ordnung, Verbindung eines Mannigfaltigen, nach welcher es am leichteften gefafst und überfehen werden kann. Diefe Einfalt kann herrfchen in Gefinnungen, Thaten, Reden, Erfcheinungen der Natur u. f. w.

Von diefer allgemeinen Bedeutung des Wortes Einfalt hängen mehrere befondre Anwendungen deffelben ab, welche um fo mehr aus einander gefetzt werden müffen, da fie vorzüglich in der Sphäre der fchönen Kunft Statt finden.

Man nennt eine gewiffe Einfalt die edle, fpricht von der edlen Einfalt eines Charakters, einer Gefinnung, einer fichtbaren Form, einer mahlerifchen Compofition, eines Gebäudes, eines mufikalifchen Werkes, eines Tanzes, des Inhalts und Styls eines Gedichtes, einer Rede, u. f. w. Einige von diefen Redensarten kündigen geradezu eine moralifche Eigenfchaft an, andre eine äfthetifche, bey welcher aber eine gewiffe

Hinficht auf das Sittliche augenblicklich bemerkbar wird.

Edle Einfalt eines Charakters, edle Einfalt in den praktifchen Gefinnungen, Sitten und Betragen eines Menfchen befteht darin, dafs derfelbe eine Fertigkeit befitzt, unter allen Umftänden, durch einfache Prinzipien, oder auch wohl durch das blofse Gefühl geleitet, ohne einiger Anftrengung und mühfamen Ueberlegung zu bedürfen, auf die geradefte und umfchweiflofefte Weife gefetz- und zweckmäfsig zu handeln. Wir nennen diefe Fertigkeit Einfalt, weil die Gründe der Handlungen eines folchen Charakters auf das leichtefte überfehen werden, edel, weil fie Hoheit der Seele und angeftammte fittliche Stärke ankündigt. Ein Charakter, welchem diefe Eigenfchaft zukommt, bedarf keiner künftlichen Mittel, um fich zur Hervorbringung guter und zweckmäfsiger Handlungen fähig zu machen, keiner, um die Treflichkeit feiner Handlungsweife in volles Licht zu fetzen, vor jedem Schatten von Zweydeutigkeit zu fichern, und die Achtung zu erwerben, welche der unausbleibliche Tribut für alle moralifche Güte ift. Er erlangt alles, ohne etwas beabfichtigt zu haben.

In

In äfthetifcher Hinficht bekommt
eine Mannigfaltigkeit edle Einfalt durch
die Form ihrer Verbindung, wenn fie ihre
Wirkung auf das Gefühlvermögen hervorbringt, durch die natürlichften, leichteften
und kürzeften Mittel. Ein Werk von diefem
Charakter kann man nicht betrachten, ohne
ein Gefühl der Achtung und Ehrfurcht für
den Urheber deffelben zu empfinden; ift es
ein Werk der Natur, fo wird man durchdrungen von Bewunderung ihrer Gröfse und ihrer
Kraft, die fchönften Gefühle, durch die ein-
fachften, leichteften Mittel zu bewirken; ift
es ein Werk des Menfchen, fo fchliefst man
von der Form deffelben auf den Geift des Ur-
hebers, fühlt fich berechtigt, ihm moralifche edle Einfalt zuzueignen, weil er feinen Werken die äfthetifche edle Einfalt zu ertheilen weifs. Man erkennt in ihm
eine erhabene Selbftgenügfamkeit an, bey
welcher er, feiner Wirkung ficher, den
Prunk zufälliger Zieraten, und die Hülfe eines ftudierten Schmuckes verfchmäht.

Es leuchtet von felbft ein, dafs Präcifion eine wefentliche Bedingung aller äfthetifchen edlen Einfalt ift.

Alle Künfte find edler Einfalt fähig,
nur nicht in jeder Gattung ihrer Werke,

ke*), und unter denen, die derselben empfänglich sind, nicht in jeder in gleichem
Gra-

*) Sulzer behauptet: „in der edlen Einfalt bestehe die wahre Vollkommenheit eines jeden Werks der Kunst, und er konnte diefs behaupten, da ihm edle Einfalt nicht viel mehr war als Präcision. Mir scheint, dafs in gewissen Gattungen schöner Kunst edle Einfalt gar nicht erstrebt werden könne, z. B. in der Dichtkunst, wohl schwerlich in der Ode, im philosophischen Gedichte, in der Satyre; in der Tonkunst, wohl schwerlich in der Symphonie, oder dem Chore von wildem, kühnem, stürmischem Charakter; in der bildenden Kunst, wohl schwerlich in landschaftlichen Stücken von demselben Charakter, einem Schlachtgemählde, einer Darstellung von Ruinen. — Nämlich edle Einfalt ist nicht blofs Präcision, welche freylich in jedem Werke der Kunst herrschen mufs, sondern Präcision in der Anwendung der Mittel zu rühren und Schönheitsgefühl zu erregen, welche (Präcision) an und für sich gefällt, sie ist nicht blofs Leichtheit und Geradheit schlechthin, sondern eine Leichtheit und Geradheit, in welcher gleichsam die Natur selbst spricht, und welche eben defswegen liebenswürdig ist. — Dafs und wie edle Einfalt im Trauerspiel Statt finden könne, haben uns die Griechen gezeigt; Euripides und Sophokles wetteifern hierin mit einander. Göthe hat in seiner Iphigenis

Grade. Unstreitig erscheint die edle Einfalt am würdigsten in Werken, welche feierlich erhabene Gegenstände darstellen, und solchen, welche Stoffe der Unschuld und Naivetät behandeln.

Das Entgegengesetzte der edlen Einfalt in Werken der Kunst ist das Ueberspannte, Ueberladene, Gezierte, Gesuchte, Kindische.

In historischen Stücken der bildenden Kunst fordert man edle Einfalt, vorzüglich in der Composition und Gruppierung der Figuren, dann auch in den Stellungen und Ausdrücken derselben. Selbst auf die Bekleidung der Figuren hat man den Begriff angewendet; sie hat dann edle Einfalt, wenn sie ihren nächsten Zweck, das Nakte zu dekken, auf die einfachste, natürlichste und die Wohlgestalt des Körpers am wenigsten verhüllende Weise erreicht.

nia auf Tauris eine glänzende Probe gegeben, dass die Griechen hierin auf eine bezaubernde Weise nachgeahmt werden können. Allein edle Einfalt ist kein nothwendiges Erfordernifs des Trauerspiels; Lessings Emilia, Göthens Clavigo haben diesen Charakter nicht, und sind darum nicht minder schöne Werke.

Anmerkungen und Zufätze.

S. 183. Z. 1. v. o. das Sittlich-Edle) Die Uebertragung des Begriffes: Edel, welcher urfprünglich ein äufseres fehr zufälliges Verhältnifs ausdrückt, gereicht fehr zur Ehre derjenigen Nationen, unter denen fie Statt findet, der Griechen, (γενναιος) der Römer, (*nobilis, ingenuus*) der Franzofen, Italiener, Engländer, Deutfchen u. a. Sie zeigt deutlich genug, wie richtig die gemeine natürliche Urtheilskraft über den Werth des Menfchen und feiner Eigenfchaften entfcheidet, zeigt, dafs man der Treflichkeit des Geiftes, der Güte des Herzens, und dem Glanze des Genies feine Huldigung nicht verfagen kann, wie fehr auch gemeiniglich die äufsern Verhältniffe des Ranges und Standes damit im Widerfpruche ftehen.

Der Uebergang von der konventionellen Bedeutung des Wortes zu der moralifchen ift leicht zu begreifen. So wie das Prädikat des Edeln einem Stande im Staate zugeeignet wurde, welcher der Anzahl feiner Mitglieder nach eingefchränkter ift, und von welchem man wegen des Rangs, den er einnimmt, auch feltenere Eigenfchaften und Vorzüge fordert,

dert, so trug man jenen Begriff auf sittliche Beschaffenheiten über, welche den wenigsten Menschen zukommen, diesen Wenigen aber auch eine Hoheit vor allen andern ertheilen. Und so wie der Adel denen Mehrern durch das Loos der Geburt zufällt, so bezeichnet man mit dem Begriffe des Edeln vorzüglich solche moralische Eigenschaften, die bey den meisten Menschen ursprüngliche Anlagen voraussetzen, von wenigen nur erworben werden, ohne dafs die Natur sie begünstigt hätte. Jene Stärke der Vernunft, jene Feinheit der Urtheilskraft und des Gefühls, welche zu edlen Gesinnungen und Handlungen gehört, kommen den meisten, die sich dadurch auszeichnen, durch eine gewisse Begünstigung der Natur zu, deren Mangel durch Zucht und Cultur schwerlich ersetzt wird. Gut und tugendhaft kann jeder Mensch durch den Gebrauch seiner Freyheit werden, allein der edle Mensch wird gewissermafsen gebohren. Wenigstens ist ganz gewifs, dafs dasjenige Edle, welches ein Mensch sich mit Ueberwindung ursprünglicher Hindernisse erworben hat, sich in allen seinen Aeufserungen von jenem Edeln unterscheidet, zu welchem ein Mensch durch

durch die Gunſt der Natur eine urſprüngliche Vorbereitung und Stimmung beſitzt,

S. 184. Z. 13. v. u. zu ſehr angenähert) Dieſs geſchieht, wenn man das
Edle in einen direkten Ausdruck des
Moraliſch-Guten ſetzt, und annimmt,
es ſey jederzeit ein Zeichen der edlen Geſinnungen des Künſtlers.

S. 184. Z. 13. 12. v. u. zu weit davon
entfernt). In dieſen Fehler ſcheint
Sulzer verfallen zu ſeyn, obwohl er
den Zuſammenhang des Sittlich-Ed-
len und des Aeſthetiſch-Edlen
nicht überſahe. „Das Edle im metapho-
„riſchen Sinne ſcheint allemahl ſich auf
„etwas ſittliches zu beziehen; denn man
„hört nie von edlem Verſtande, oder ed-
„ler Ueberlegung, ſondern von edlem
„Betragen, edlen Geſinnungen ſprechen,
„Eigentlich liegt alſo das Edle in den
„Empfindungen, welche gemein oder
„auch unedel ſind, wenn ſie durch keine
„Ueberlegung, durch keinen verfeiner-
„ten Geſchmack, der das Beſſere dem
„Schlechtern, das Wohlſchickliche dem
„weniger Schicklichen, das Wohlanſtän-
„dige dem weniger Anſtändigen vorzieht,
„erhöht werden. Demnach beſteht das
„was

„was den Geschmack und die Sinnesart
„edel macht, darin, dafs man bey ästhe-
„tischen und sittlichen Gegenständen das,
„was feiner, schöner, überlegter, schick-
„licher, mit einem Worte, vollkomme-
„ner ist, dem weniger vollkommenen
„nicht nur vorzieht, wenn beyde vor-
„handen sind, sondern das Vollkomme-
„nere bey Empfindung des Unvollkom-
„neren sucht und fühlet. Es giebt Men-
„schen, denen in Absicht auf die erwähn-
„ten Arten der Gegenstände fast alles
„gleichgültig ist, die nicht empfinden,
„dafs eine Art sich auszudrücken feiner
„und ausgesuchter ist, als eine andre;
„dafs ein Ton der Stimme vor dem an-
„dern etwas gefälliges hat, dafs einige
„äufserliche Manieren vor andern etwas
„vorzügliches haben, diese Menschen
„sind von gemeinem, nicht edlem Ge-
„schmack. Diejenigen, die alle Empfin-
„dungen ohne Ueberlegung und ohne
„Wahl äufsern, die darin weder An-
„stand, noch Grade, noch Verhältnifs
„empfinden, sind Menschen von gemei-
„ner, nicht edler Sinnesart."

Die Unbestimmtheit in dem Begriffe
des ästhetisch-edlen bey diesem Weltweisen macht es, dafs auch seine Regeln für

das Edle in Werken der Kunſt ſo vag
ſind; z. B. „in den Werken des Ge-
„ſchmacks muſs alles und jedes von einer
„Wahl zeugen, durch welche der Künſt-
„ler das vollkommnere in jeder Art dem
„Unvollkommnern vorgezogen hat."

S. 185. Z. 12. im Texte v. u. Wenn
wir einer Landſchaft das Edle)
Man könnte vielleicht ſagen, eine Landſchaft der wirklichen Natur heiſse dann
edel, wenn die Natur durch ihre Formen, Begriffe des Edlen ausdrückt, ſo
wie ſie Ideen der Gröſse, der Güte, der
Unſchuld, der Einfalt dadurch weckt.
Allein unerachtet unfre Phantaſie in der
Illuſion des Gefühls und der Begeiſte-
rung der Natur Moralität und moraliſche
Eigenſchaften zueignet, ſo kann ſie ihr
dennoch das Prädikat des moraliſch-
edlen in jenem richtigen Sinne nicht
beylegen, welchen ich S. 183. beſtimmt
zu haben glaube. Eben deſshalb aber
paſst auch das Prädikat des Aeſthetiſch-Edlen nicht auf ſie, welches
auf jenem des Moraliſch-Edlen ruht.
— Zuweilen nennt man Bäume, Blumen, Früchte, wegen ihrer Form
edel, allein man drückt hier dadurch
immer nur das Ungemeine, Seltene oder
einen

einen hohen Grad von Reinheit aus.
Nur wenige Fälle find es, wo man Bäumen wegen ihrer erhabnen, und zugleich
lieblichen Form in beftimmterem Sinne
das Edle zueignet, fo fagt man von den
Pappeln, dafs fie einen edlen Wuchs
haben.

S. 185. Z. 1. 2. v. u. Note. Eben fo
wenig unedel) Um eine Landfchaft
unedel zu nennen, müfste man die
Natur denken, als ob fie ihre Formen in
den Landfchaften blofs zu dem Zwecke
der Schönheit und Wohlgefälligkeit bildete, dann könnte man ihr das Unedle
in eben dem Sinne zum Vorwurfe machen, wie dem Künftler, welcher durch
Auswahl, Compofition und Bezeichnung
den Gefchmack verletzt. Allein die Natur wird von uns in ihren landfchaftlichen Formen gar nicht aus jenem Gefichtspunkte angefehen, und Verftofse
gegen die Einheit, Reinheit, Delikateffe,
die uns in den Formen des Künftlers unerträglich find, beleidigen uns an ihren
Werken gar nicht.

S. 187. Note Z. 11. v. u. Die erfte
Bearbeitung des Clavigo), Göthe
hat allerdings in der neuen Bearbeitung

einige Züge getilgt, welche eckelhaft gräfslich waren, befonders freut man fich die entfetzliche Stelle: „Hätt' ich ihn drüben über dem Meere u. f. w." nicht wieder zu finden. Allein durchaus edel hätte ich doch in der Note diefe Darftellung der Rachgier nicht nennen follen, denn die Worte: „meinen Zähnen gelüftets nach feinem Fleifch, meinem Gaumen nach feinem Blut" find nicht minder kannibalifch, als jene Stelle.

S. 187. Z. 3. im Texte v. u. Das Edle) Unter den Dichtungsarten erfordern einige ganz vorzüglich das Studium des Edlen, weil ihre Gegenftände fo leicht zum Unedlen verführen können. Hieher gehört das Trauerfpiel in Hinficht der Leidenfchaften, die es enthält, auch die beifsende Satyre, die zwar aus einer fehr edeln Leidenfchaft, dem Hafse gegen Lafter und Thorheit entfpringt, aber in ihren einzelnen Zügen fehr leicht, und dem Verfaffer unbemerkt unedel werden kann.

S. 189. Z. 1. v. o. edlem Wuchfe) In den meiften Fällen drückt man aber doch durch das Edle des Wuchfes nur die

die Ungemeinheit feiner verhältnifsmäffigen und lieblichen Form aus.

S. 189. Z. 6. 7. v. u. noch ein andres) Beyde Arten hängen innig zufammen; denn derjenige Ausdruck von Lauterkeit und Feinheit des Gefühls für Sittlichkeit und wahren Anftand, wefswegen man gewiffe Compofitionen edel nennt, fetzt Gröfse der Gefinnung voraus, oder kann doch wenigftens von uns nicht aufgefafst und gefühlt werden, ohne auf Gröfse der Gefinnung zu fchliefsen.

So wie diefes Edle uns in Werken der fchönen Kunft und Litteratur einnimmt, fo zieht es uns auch ganz ungemein an, wenn wir es in dem gefellfchaftlichen Betragen und Tone unferer Mitmenfchen finden.

S. 190. Z. 11. v. o. vom Style) Der Styl einer Rede bezieht fich nicht blofs auf den Zweck verftanden zu werden, fondern auch auf die Zwecke, die Gemüthsftimmung, in welcher man fich mit den darzuftellenden Ideen befchäftigt, auszudrücken, und andern mitzutheilen. Und es ift in einem Werke Styl, wenn alle feine Theile mit Einheit und Harmonie

zur

zur Erreichung diefer Zwecke zufammen wirken.

Die deutfchen Theoriften fcheinen mir gewöhnlich den Begriff des Styles viel zu weit auszudehnen, und ihn mit dem Begriffe der Schreibart zu verwechfeln. Daher kommt es, dafs fie von dem Style eines Zeitungsfchreibers, oder des Verfaffers eines Compendiums reden, da doch weder in einer Zeitung noch in einem Compendium eigentlicher Styl herrfchen kann.

Die franzöfifchen Theoriften nähern fich fchon der Wahrheit viel mehr. Ich erinnere mich von mehrern vorzüglich der fchönen Entwickelung, welche André in feinem effai fur le beau giebt: „J'appelle ftile une certaine fvite d'ex-„preffions et de tours tellement foute-„nüe dans le cours d'un ouvrage, que „toutes fes parties ne femblent être que „les traits d'un même pinceau. Er fetzt hinzu: „Je fvis faché de le dire, „mais il n'en eft pas moins vrai, il s' „enfvit de-là, qu'il y a aujourdhui peu „d'auteurs qui ayent un vrai ftile. On „en trouve encore, qui ont de l'ex-„preffion. Il y en a même qui ont du „tour,

„tour, du moins par intervalle. Il ne
„faut pour ces deux articles qu'un ge-
„nie aſſez mediocre. Mais pour en for-
„mer dans le discours une ſvite bien
„liée, de maniere, que le bon ſens, l'
„eſprit et l'oreille ſoient partout éga-
„lement ſatisfait, il faut une certaine
„étendue d'intelligence et de goût, qui
„eſt une qualité bien rare. Ne diroit-on
„pas même que pluſieurs n'en ont pas
„l'idée? Jugeons-en par la foule de
„nos orateurs et de nos Ecrivains.
„Quelle eſt leur maniere de compoſiti-
„on? Quelques termes nouveaux,
„quelques phraſes à la mode, quelques
„tours cavaliers ou précieux, quelques
„lieux communs ſouvent uſés par nos
„ancêtres, quelques traits de Rhéto-
„rique lancés au hazard, quelques pe-
„tites fleurs dérobées en paſſant aux
„anciens ou aux modernes; c'eſt au-
„jourdhui notre ſtile ordinaire. Dé-
„couſu et libertin, vagabond et inégal,
„ſans nombre, ſans meſure, ſans liai-
„ſon, ſans proportion, ni entre les cho-
„ſes, ni entre les mots." Man bemerkt
wohl, daſs André für allen Styl einen gewiſſen Adel fordert, und dieſs
zeigt er vorzüglich in folgender Stelle: „Ainſi en trois mots, voilà tous
„les

„les traits, que renferme l'idée du „Beau dans le ſtile: une ſvite marquée „dans les matieres, dans les penſées, „dans les raiſonnemens, qui compoſent „le fonds du diſcours; un aſſortiment „juſte dans les tours et dans les figures „ſous lesquelles on les préſente; une „eſpéce d'harmonie dans le choix des „termes, qui en expriment l'enchaine- „ment, et par deſſus tout le res- „te un certain feu par-tout ré- „pandu, qui ne ſouffre ni les ré- „flexions inutiles, toujours fro- „ides; ni les faux brillans, tou- „jours ennuyeux; ni les paroles „ſuperflues, toujours glaçantes."

Da aller Styl nach der von mir ange-genommenen Erklärung objektive Ide-endarſtellung, und ſubjektiven Aus-druck der Gemüthsſtimmung beabſich-tigt, ſo iſt er auch eines gedoppelten Edlen und Unedlen fähig, des Edeln und Unedeln in der objektiven Ide-enſtarſtellung, und des Edlen und Un-edlen in dem ſubjektiven Ausdruk-ke der Gemüthsſtimmung. Ich habe dieſen Unterſchied bey der Angabe der Hauptmerkmale des Edlen und Uned-len in Werken des Styls S. 190. 191.

vor

vor Augen gehabt. Ich füge nur noch hinzu, dafs, fo wie die Gegenftände der Darftellung in Werken des Styls ihrem Charakter nach verfchieden find, verfchieden die Gemüthsftimmungen, welche zugleich mit der Darftellung ausgedrückt werden, fo auch mannigfaltige befondere Arten des **Edlen** und **Unedlen** Statt finden.

Es giebt ein allgemeines **Edles**, welches man von jedem Werke des Styles fordert, und welches für jede Art auf denfelben Grundfätzen beruht. Durch Verletzung deffelben kann man, worüber man auch fpreche oder fchreibe, unedel werden. Das befondre **Edle** entfpringt aus der Natur und dem Charakter des Stoffs, und der Art, und den Graden des fubjektiven Ausdrucks. Ein folches befondres **Edles** hat die **Ode**, die **Elegie**, die **Satyre**, überhaupt alle Gattungen, welche einen beftimmten Charakter befitzen. Es gehört zu den Lücken der Theorie, dafs die befondern Arten des Edeln noch nicht behandelt find.

Ueber die edle Einfalt der Schreibart finden fich feine Bemerkungen in einem Auflatze des Herrn Morgenftern, im u. B 1. St. von Eberhards philofoph. Archive.

VI.

VI.

*Ideen
über Schönheit und Häfslichkeit.*

Wolf fagt in einer Stelle feiner Erfahrungs-feelenlehre: (Pfychol. empir. §. 543.) wir befäfsen kein Wort, um im Allgemeinen das Gegentheil der Schönheit zu bezeichnen. Häfslichkeit ift in der deutfchen Sprache der Ausdruck für das Entgegengefetzte des Schönen; allein der Sprachgebrauch giebt dem Begriffe der Häfslichkeit nicht die ausgebreitete Anwendung, welche der Begriff des Schönen hat. Man fagt von keinem Kunftwerke, welches die entgegengefetzte Wirkung des Schönen hervorbringt, es fey häfslich, man nennt keine Seele, keinen Geift häfslich, unerachtet die Sprache fchöne Seelen, fchöne Geifter darbiethet. Deffen ungeachtet nennt man aber doch Blumen häfslich, fpricht von häfslichen Charakteren. Verfährt der Sprachgebrauch hier blofs nach Laune, oder ftützt er fich auf einen vernünftigen Grund? Es läfst fich diefs nicht

nicht beantworten, ohne den Begriff des Häfslichen im Gegenfatz des Schönen beftimmt und rein zu faffen. Vielleicht führt diefs zu einiger Aufklärung über die Anwendung und Nichtanwendung jenes Prädikats auf gewiffe Gegenftände.

Häfslich ift nicht blofs Nichtfchön, fondern der Schönheit geradezu widerfprechend; der Begriff drückt nicht blofs die Verneinung der Schönheit, fondern die der Schönheit entgegengefetzte Wirkung einer Form auf das Gefühlvermögen aus. Ein hübfches Geficht ift unfchön, aber darum nicht häfslich. Nach welchen Momenten entfcheidet unfre Urtheilskraft, wenn fie eine Form für häfslich erklärt, und welche Merkmale müffen in jedem folchen Ausfpruche liegen, wenn wir uns dabey felbft verftehen? Ich glaube, unfre Urtheilskraft handelt nach derfelben Methode, wenn fie über Häfslichkeit, als wenn fie über Schönheit urtheilt, und wir dürfen nur die Kantifche Expofition des äfthetifchen Urtheils über Schönheit auf das Entgegengefetzte der Schönheit übertragen, um jene Methode zu entwickeln.

Zuvörderft einige Bemerkungen über den Geift der Kantifchen Gefchmackstheorie.

Wenn

Wenn wir die Verfuche der philofophirenden Vernunft, den allgemeinen nothwendigen Zufammenhang im Reiche der Natur nach feinen letzten Gründen zu erforfchen, mit den Verfuchen eben derfelben, das Wefen des Schönen zu ergründen, zufammen halten, fo finden wir zwifchen der Richtung, welche fie in dem einen und dem andern Falle genommen, eine merkwürdige Gleichheit.

Um die Prinzipien der unveränderlichen Ordnung der Natur und Erfahrung in ihrem Gebiethe zu entdecken, glaubte fie in die Natur der Dinge an fich eindringen zu müffen, und je nachdem fie für die Unmöglichkeit oder Möglichkeit davon entfchied, waren ihre Refultate fceptifch oder dogmatifch.

Um das Wefen des Schönen zu ergründen, glaubte fie, fich zuvörderft an die Gegenftände felbft richten zu müffen, als welchen die Eigenfchaften anhiengen, wegen deren man ihnen das Prädikat des Schönen ertheilte, und ihre Refultate waren abweichend, je nachdem fie durch die Erkenntnifs der Dinge felbft fich befriedigt, oder nicht befriedigt glaubte.

Wenige fchlugen den richtigen Weg ein, den Gemüthszuftand desjenigen zu beobachten,

ten, der die Schönheit eines Gegenstandes beobachtet, und die subjektiven Bedingungen aufzugreifen, unter welchen der menschliche Geist bey Rührungen einer gewissen Art den Gegenständen, die sie verursachen, Schönheit zueignet.

Allein ihre Beobachtung gieng immer mehr auf Nebenumstände, denn auf die Hauptsache; statt mit Bestimmtheit diejenigen Eigenthümlichkeiten aufzufassen, die sich in allen Geschmacksurtheilen finden, haschte man mit Einseitigkeit nur nach jenen, die unter besondern Bedingungen bey gewissen Arten derselben eintreten.

Man kann es als das Charakteristische der Kantischen Methode zu philosophiren ansehen, dafs er, von welcher Seite er immer den geistigen Menschen betrachtet, in der dunkeln und verworrenen Menge zufälliger, unsteter, und wechselnder Erscheinungen Licht zu gewinnen, und aus dem bunten Gemisch derselben in bestimmten reinen Ideen die allgemeine und unveränderliche Form zu ziehen weifs, an welche die Wirksamkeit jedes geistigen Vermögens ursprünglich gebunden ist.

Diefs zeichnet seine Methode aus, in der Theorie des Erkenntnifsvermögens sowohl, als

als in der des vernünftigen Willens, und eben diefs macht das Eigenthümliche feiner Philofophie über das Schöne aus.

- Während alle Erforfcher des Schönen fich in der Mannigfaltigkeit und Abweichung verlieren, welche unter den Gefchmacksurtheilen der Menfchen herrfcht, während die Einen bey dem von ihnen eingefchlagenen Wege mit gutem Grunde verzweifeln, in dem Gewirre individueller Gefühle und Urtheile über das Schöne Einheit zu treffen, die Andern eine folche auf gut fophiftifche Weife zu erkünfteln fuchen, entdeckt fein eindringender Blick bey der gar nicht zu berechnenden Verfchiedenheit der Stoffe und Gegenftände Einheit der allgemeinen Form der Gefchmacksurtheile, findet die Geifter der Menfchen auch da übereinftimmend, wo alle Denker vor ihm vergebens bemüht gewefen, wahrhafte Harmonie zu entdecken.

Jedes Urtheil über einen Gegenftand, dafs er fchön fey, drückt feinem wefentlichen Inhalt nach, die Reflexion der Urtheilskraft über ein durch eine angefchaute Form entftandenes Vergnügen aus, alfo keine am Gegenftande befindlichen Merkmale, fondern nur die Eigenthümlichkeiten des Gemüthszuftandes, den die Auffaffung der Form hervorbringt,

bringt, bezogen auf die Idee eines allgemein gültigen Grundes der Möglichkeit und Wirklichkeit deſſelben.

Das Subjekt aller reinen Geſchmacksurtheile iſt: ein Angeſchautes, von welchem eine Wirkung ſeiner bloſsen Form auf das Gefühlvermögen prädicirt wird. Die Prädikate, die einem ſolchen Subjekt im Geſchmacksurtheile zugeeignet werden, ſind überall folgende:

1. Daſs es unmittelbar Wohlgefallen errege durch ſeine Form, ohne daſs unſer Begehrungsvermögen für den Gegenſtand intereſſirt ſey.

2. Daſs es durch ſeine bloſse Form wohlgefällig ſey, nicht nur einem und dem andern Individuum, ſondern allen Individuen des Menſchengeſchlechts.

3. Daſs es durch ſeine Form wohlgefällig ſey, weil dieſe ohne unſre Abſicht die bey der Auffaſſung thätigen Gemüthskräfte, harmoniſch beſchäftige;

4. Daſs es nothwendig wohlgefällig ſey, durch ſeine bloſse Form, ohne daſs ſich dieſe Nothwendigkeit aus Begriffen folgern laſſe.

Die-

Diese Prädikate, welche durchaus eine Reflexion über ein Vergnügen ausdrücken, hat jeder im Sinne, der von einem Gegenstande sagt, er sey schön, aufserdem verstünde er sich selbst nicht.

Allein es ist nicht nothwendig, dafs sie deutlich gedacht werde, sie können es blofs klar, oder wohl gar dunkel, eben so wenig, dafs sie rein und unvermischt mit fremdartigen Merkmalen vorgestellt werden, welches aller Erfahrung zu Folge vielleicht nie der Fall ist, eben so wenig endlich, dafs sich nicht in der Seele jedes Menschen gewisse an bestimmten schön genannten Gegenständen getroffene Eigenthümlichkeiten an sie anschliefsen sollten, welche denn durch ein sehr natürliches Mifsverständnifs fälschlich für wesentliche Merkmale des Schönen angegeben werden.

Bey jedem Geschmacksurtheile wird, um alles kurz zusammenzufassen, von einem Angeschauten prädicirt, es errege durch seine blofse Form Vergnügen, diefs Vergnügen entspringe lediglich aus der von unsrer Willkühr, unsern Zwecken und Vorstellungen ganz unabhängigen Fähigkeit des anschaulichen Mannigfaltigen, ein Zusammenspiel von Verstand und Einbildungskraft zu bewir-

bewirken, so harmonisch, als ob wir es planmäſsig für unsre Lust gebildet hätten, dieſs Vergnügen müſſe als gemeinschaftlich für alle mit gleichem Erkenntniſsvermögen begabte Wesen und für nothwendig angesehen werden, unerachtet der Grund desselben nicht in Begriffen von der Natur des Gegenstandes liegt.

Die Zergliederung eines Geschmacksurtheils führt selbst zur Deduktion seiner Möglichkeit, d. h. man darf nur den wesentlichen Inhalt desselben bestimmt fassen, um ohne Schwierigkeit den Grund des Anspruchs zu finden, welches dasselbe auf Nothwendigkeit und Allgemeinheit hat.

Derjenige, welcher etwas als schön beurtheilt, sieht sein Vergnügen nicht als einen Zustand an, der aus seiner Individualität bloſs für ihn folgte, vielmehr erklärt er, ohne sich auf Erfahrung oder auf Begriffe des Gegenstands zu stützen, dieses Vergnügen für allgemeingültig, für ein Gefühl, welches sich jedes andern Menschen in demselben Falle bemächtigen müſste, weil, um es zu fühlen, nur Kräfte, Verhältniſſe und Stimmungen von Kräften erfordert werden, welche man bey jedem Menschen voraussetzen kann.

Ich

Ich gehe zu den Urtheilen über **Häfslichkeit** über. Das Subjekt aller Urtheile, wodurch wir von einem Gegenstande ausfagen, dafs er häfslich fey, ist: ein **Angefchautes**, von welchem eine Wirkung feiner bloſsen Form auf das Gefühlvermögen prädicirt wird, und alle Prädikate, die nothwendig in einem folchen Urtheile liegen, drücken eine Reflexion über ein Mifsvergnügen aus, welches durch die Form des Angefchauten bewirkt wird. Diefe Prädikate find folgende:

1. Dafs der Gegenftand unmittelbar durch feine Form Mifsvergnügen verurfache, ohne dafs wir den Gegenftand auf unfre Begierden bezögen, und uns eine innigere Gemeinfchaft mit ihm, eine reelle Einwirkung deffelben auf uns vorftellten.

So wie das Urtheil über **Schönheit** nicht rein ift, wenn es auf einem Intereffe des Begehrungsvermögens für das Dafeyn des Objekts beruht, fo ift auch das Urtheil über **Häfslichkeit** nicht rein, wenn es fich auf eine folche Rückficht gründet. Wenn ich ein Mädchen defshalb **häfslich** nennen wollte, weil ich mir vorftellte, fie würde nur im Verhältnifniſſe einer nähern Verbindung Widerwillen durch ihre Geſtalt verurſachen, und deſshalb ſie mit einem gewiſſen Abſcheu betrachtete, ſo würde dieſs Urtheil eben ſo unrein, als wenn ich eine Blume häſslich nennen wollte, weil ſie übel riecht. Um ein Mädchen häſslich zu nennen, muſs ich alle Nebenrückſichten bey Seite ſetzen, und nur ausſagen, daſs die Form ihrer Bildung, mir, indem ich ſie auffaſſe, unmittelbar Miſsvergnügen verurſacht.

2. Es errege durch ſeine bloſse Form, ohne Dazwiſchenkunft von Begriffen, Miſsvergnügen. Das Urtheil über Häſslichkeit, in ſeiner Reinheit, iſt von den Vorſtellungen phyſiognomiſchen Ausdruckes unabhängig; ſo bald es dadurch beſtimmt wird, iſt es unrein. Wenn ich z. B. eine Perſon, welche finſter, eigenſinnig, mürriſch, oder niedrig wollüſtig ausſieht, deſshalb häſslich nennen wollte, ſo wäre mein Urtheil unrein. Ja wenn ich eine Perſon, die durchaus verhältniſswidrig gebildet iſt, deſshalb häſslich nennte, weil ich einſähe, dieſe Verhältniſswidrigkeit habe einen nachtheiligen Einfluſs auf den Wohlſtand und die Bequemlichkeit ihres Körpers für die

Ge-

Geschäfte des Lebens, so wäre diefs
ebenfalls kein Urheil des Geschmacks,
fondern der Vernunft. Dafs in dem letztern Falle fchwerlich ein Menfch ein
reines Gefchmacksurtheil fällen wird,
fchadet der Wahrheit unfrer Behauptung
nichts. Die Urtheile vielleicht Aller
werden gemifcht feyn; eine wichtige
Theorie mufs die Beftandtheile unterfcheiden, woraus die Mifchung befteht.
Es ift mit dem Urtheile über Schönheit des Menfchen derfelbe Fall, es ift
ohne Hinficht auf fein inneres Wefen und
feinen Zweck beynahe nicht möglich.
Indeffen müffen wir doch, wenn wir
nicht verfchiedenartige Dinge zufammen
mengen wollen, den Beytrag des Gefchmacks und den der Vernunft fondern.

3. Es errege Mifsvergnügen, indem
man fich bey Auffaffung der Form der
fubjektiven Zweckwidrigkeit derfelben
bewufst wird, d. h. fich bewufst wird,
dafs diefe Auffaffung Verftand und Einbildungskraft in einen unnatürlichen und un-
behaglichen Zuftand verfetzt. Diefe fub-
fektive Zweckwidrigkeit ift kein Gegenftand der Einficht in jedem einzelnen Falle, fondern Refultat einer Indikation der
Na-

Natur durch jenes allgemeine Gefühl, welches uns vor der Empfindung von Luft und Unluft noch, die Gefetzmäfsigkeit und Gefetzwidrigkeit in den Wirkungen und Zuſtänden unſrer geiſtigen Vermögen ankündigt. Zuweilen, aber nicht immer, können wir deutliche Gründe dieſer ſubjektiven Zweckwidrigkeit angeben. Im Momente der blofs äfthetifchen Beurtheilung fchwebet ſie uns nie vor.

4. **Seine Form errege allgemein und nothwendig Mifsvergnügen, ohne allen Begriff.** So wenig, als ich, wenn ich mich ſelbſt verſtehe, ſagen kann, eine gewiſſe Form ſey für mich ſchön, kann ich auch ſagen: es ſey eine für mich häfslich. Ich fordere, dafs das Häfsliche für alle Weſen meiner Art häfslich ſey, eben ſo nothwendig, als ich die Anerkennung des Schönen von Allen fordere. Und jene allgemeine Uebereinſtimmung in der Beurtheilung des Häfslichen, als eines ſolchen, ſetze ich voraus, nicht weil ich gewiſſe Begriffe und Einſichten als nothwendig für alle meine Mitweſen anerkenne, ſondern weil ich eine gewiſſe Stimmung ihrer Gemüthskräfte

te als unausbleiblich durch eine gewiſſe Form erfolgend annehme.

Dieſe vier Momente müſſen unſtreitig von jedem gedacht werden, der einen Gegenſtand mit Beſonnenheit für häfslich erklärt, allein es iſt bey der Beurtheilung des Häfslichen eben ſo wenig, als bey jener des Schönen nothwendig, daſs ſie deutlich gedacht werden.

Die Deduktion der Möglichkeit ſolcher Urtheile über Häfslichkeit iſt ganz gleich jener der Urtheile über Schönheit. Da man ſich bewuſst iſt, nicht durch Begriffe und Einſicht, nicht durch individuelle Beſchaffenheiten zu ſeinem Urtheile beſtimmt zu werden, ſondern bloſs durch die unmittelbare Stimmung der zum äſthetiſchen Urtheil erforderlichen und in allen Menſchen Statt findenden Gemüthskräfte, ſo kann man nicht anders, als ſein Urtheil für nothwendig und allgemein erklären, ohne allen Begriff.

Man kann die Häfslichkeit, ſo wie die Schönheit theilen: 1. in die Häfslichkeit für den bloſsen Geſchmack; (freye Häfslichkeit) und 2. die Häfslichkeit für Geſchmack und Vernunft (die anhängende, die gemiſchte Häfslichkeit.) Die

Originalid. III. Theil. P Häfs-

Häfslichkeit für den blofsen Gefchmack ift von allen Begriffen und aller Einficht unabhängig, und wird blofs nach der durch eine Form unmittelbar bewirkten Stimmung beurtheilt. Die Häfslichkeit für Gefchmack und Vernunft wird nach einer folchen Stimmung, zugleich aber auch nach Begriffen der Zweckmäfsigkeit beurtheilt.

So wie freye Schönheiten kein Ideal zulaffen, fo läfst fich auch für die freye Häfslichkeit kein Maximum denken. Eben fo wenig als es ein Ideal der fchönften möglichen Taube giebt, läfst fich auch die häfslichfte mögliche Kröte denken.

Bey Beurtheilung der Form des Menfchen ift unfre äfthetifche Urtheilskraft durch die Idee feiner fittlichen Beftimmung gebunden, auf welche wir die Form beziehen, und Ausdruck derfelben in ihr fordern müffen. Defshalben giebt es ein beftimmtes Ideal für die Schönheit des Menfchen. Die fittliche Beftimmung des Menfchen innerhalb der Grenzen diefer Welt, modificirt fich nach dem Unterfchiede der Gefchlechter. Ein andres Ideal haben wir für die Schönheit des Mannes, ein andres für die Schönheit des Weibes. Auch in Hinficht der Lebensalter modificirt fich der fittliche Ausdruck, unfre

Phantaſie bildet dieſemnach unwillkührlich die Ideale des ſchönſten Kindes, des ſchönſten Knaben, Jünglings und Mannes, vielleicht auch des ſchönſten Greiſes.

Dem Ideale der menſchlichen Schönheit entſpricht die Vorſtellung der höchſten möglichen Häfslichkeit eines Menſchen, eine Vorſtellung, welche, ſo wie das Ideal der Schönheit, von dem Begriffe der moraliſchen Beſtimmung des Menſchen abhängt. Dieſe Vorſtellung iſt eine Vereinigung der Vorſtellung der gröſsten möglichen unmittelbaren Widrigkeit einer Menſchenform, und der Vorſtellung des gröſsten möglichen Ausdrucks von moraliſcher Geſetzwidrigkeit in einer Menſchenform.

Dem Ideale der Schönheit des Mannes entſpricht die Vorſtellung der gröſsten möglichen Häfslichkeit eines Mannes; dem Ideale der Schönheit des Weibes, die Vorſtellung der gröſsten möglichen Häfslichkeit eines Weibes. Beyde Vorſtellungen enthalten in Beziehung auf Mann und Weib dieſelben Beſtandtheile, aus denen die allgemeine Vorſtellung der häfslichſten Menſchengeſtalt beſteht.

Die gröfste mögliche Häfslichkeit ift verfchieden von der Carrikatur. Jene vertilgt noch nicht den Charakter der Gattung, macht ihn auch nicht zweydeutig, vielmehr ift die Gattungsvorftellung der Menfchenform die Bafis der Vorftellung der gröfsten möglichen Häfslichkeit. Die Carrikatur geht noch über die gröfste mögliche Häfslichkeit hinaus, man erkennt unter ihren abentheuerlichen und monftröfen Zügen die allgemeine Gattungsform beynahe gar nicht mehr. So giebt es Carrikaturen von Menfchengeftalten, die in das Affengefchlecht hinüberfpielen, andre, wo die Natur nach den Gattungsformen andrer Thiere gebildet zu haben fcheint. Der häfslichfte Menfch hat doch noch die Form der Menfchheit, aber die Karrikatur von Menfchen hebt fie auf oder macht fie zweydeutig. Jede Leidenfchaft, jedes Lafter, welches die Züge der Menfchenform bis auf diefen Grad entftellen kann, kann eine befondere Carrikatur hervorbringen.

Nach diefer Auseinanderfetzung der Urtheile über Häfslichkeit läfst fich leicht entfcheiden, wiefern die Anwendung diefes Begriffs eingefchränkter ift, als jene des Begriffs der Schönheit.

Man

Man nennt alles, was wesentlich oder zufällig eine gewisse Form besitzt, häfslich, wenn diese Form entweder unmittelbar, oder unmittelbar und mittelbar zugleich ungemischtes Mifsvergnügen und Abscheu gegen sie erregt. Bey denenjenigen Gegenständen, welche blofs unmittelbar durch ihre Form ungemischtes Mifsvergnügen und Abscheu gegen sie erregen, findet keine Ausnahme Statt, sie heifsen alle häfslich. In denenjenigen Fällen, wo es nicht geschieht, ist insgemein das Mifsvergnügen nicht rein, sondern mit einiger Annehmlichkeit, oder wenigstens Leidlichkeit gewisser Theile und Züge vermischt.

Gegenstände, welche durch ihre Form unmittelbar und mittelbar zugleich ungemischtes Mifsvergnügen erregen, nennt man dann nicht häfslich, wenn die Ideen zu der Widrigkeit der Bildung das Meiste beytragen. So nennen wir gewisse Gesichter aus diesem Grunde nicht häfslich, sondern etwa: abscheulich, fatal, unausstehlich. In diesen Fällen bestimmt unser Urtheil allezeit vorzüglich der physiognomische Ausdruck. So nennen wir gewisse Gegenden der Natur nicht häfslich, sondern traurig, weil das Mifsvergnügen, welches ihre Form erregt, vorzüglich von Vorstellungen her-

herrührt, welche der Anblick derselben in der Seele hervorruft.

Gewisse unsinnliche Gegenstände nennt die Sprache **schön**, weil die Vorstellung derselben ein ähnliches Spiel der Phantasie erweckt, wie die Vorstellung schöner sinnlicher Gegenstände, und wir dadurch zu reinem Vergnügen, und Gefühle der Liebe gegen die Form der Vorstellung gestimmt werden. So sagen wir: eine **schöne Seele**, ein **schöner Charakter**, ein **schöner Geist**. Wir sagen nicht, eine **häfsliche Seele**; denn die Vorstellung einer wenn auch noch so entarteten Seele kann nie ein **ungemischtes** Mifsvergnügen erregen, keine Seele ist ganz böfs; dann hängt auch das Urtheil über moralische Schlechtheit einer Seele mehr von Begriffen als von Vorstellungen der Einbildungskraft ab. Anders ist es schon bey der Vorstellung eines **Charakters**, dadurch kann wirklich, wenn er eine gewisse Bofsheit besitzt, ungemischtes Mifsvergnügen erfolgen, und die Züge eines bösen Charakters selbst können sich versinnlicht für die Phantasie darstellen, so dafs ein Abscheu gegen die Form der Vorstellung desselben erfolgt. Wir sagen also von gewissen Personen, dafs sie **häfsliche** Charaktere besitzen.

Von

Von einem Werke der Dichtkunſt, Tonkunſt, Mahlerey, und überhaupt irgend einer ſchönen Kunſt, ſagen wir nie, es ſey ein häſsliches Werk derſelben, weil es, wenn es die Wirkung der Häſslichkeit hervorbringt, gar kein Werk einer von dieſen Künſten iſt. Es giebt alſo keine häſsliche Ode, keine häſsliche Symphonie, kein häſsliches Portrait.

www.ingramcontent.com/pod-product-compliance
Lightning Source LLC
Chambersburg PA
CBHW031752230426
43669CB00007B/587